EL CORAZÓN DE LA BIBLIA

Libros de John MacArthur publicados por Portavoz

El andar del creyente con Cristo
Avergonzados del evangelio
La batalla por el comienzo
Cómo obtener lo máximo de la Palabra de Dios
Cómo ser padres cristianos exitosos
Cómo sobrevivir en un mundo de incrédulos
El corazón de la Biblia
De tal manera amó Dios…
La deidad de Cristo
El diseño de Dios para tu familia
Distintos por diseño
Doctrina cristiana esencial
El evangelio según Dios
La gloria del cielo
La libertad y el poder del perdón
El llamado de Cristo a reformar la iglesia
Llaves del crecimiento espiritual
Nada más que la verdad
Nuestro extraordinario Dios El Pastor silencioso
Permaneciendo fiel en el ministerio
Piense conforme a la Biblia
Los pilares del carácter cristiano
El plan del Señor para la Iglesia
Los planes proféticos de Cristo
El poder de la integridad
El poder de la Palabra y cómo estudiarla
El poder del sufrimiento
Porque el tiempo SÍ está cerca
Respuestas bíblicas para una cultura en caos (coautor)
Salvos sin lugar a dudas
Santificación
Sé el papá que tus hijos necesitan
La segunda venida
Teología sistemática (coautor)
El único camino a la felicidad

Comentario MacArthur del Nuevo Testamento

Mateo
Marcos
Lucas
Juan
Hechos
Romanos
1 y 2 Corintios
Gálatas, Efesios
Filipenses, Colosenses y Filemón
1 y 2 Tesalonicenses, 1 y 2 Timoteo, Tito
Hebreos y Santiago
1 y 2 Pedro, 1, 2 y 3 Juan, Judas
Apocalipsis

Comentario MacArthur del Antiguo Testamento

Zacarías

EL CORAZÓN DE LA BIBLIA

DESCUBRE EL PODER DE PASAJES BÍBLICOS CLAVE

JOHN MACARTHUR

La misión de *Editorial Portavoz* consiste en desarrollar y distribuir productos de calidad —con integridad y excelencia—, desde una perspectiva bíblica y confiable, que animen a las personas a conocer y servir a Jesucristo.

Traducción: Luis Bernal Lumpuy

Las cursivas añadidas en los versículos bíblicos son énfasis del autor.

EDITORIAL PORTAVOZ
2450 Oak Industrial Drive NE
Grand Rapids, MI 49505 USA
Visítenos en: www.portavoz.com

ISBN 978-0-8254-6246-7 (rústica)
ISBN 978-0-8254-6247-4 (Kindle)
ISBN 978-0-8254-8309-7 (epub)

1 2 3 4 5 edición / año 34 33 32 31 30 29 28 27 26 25

Impreso en los Estados Unidos de América
Printed in the United States of America

CONTENIDO

PRÓLOGO

ESTE LIBRO SE FORMÓ CON UNA lista de cincuenta y dos pasajes clave que escogí para alentar a los creyentes a memorizar, uno por semana, durante todo un año. No fue tarea fácil reducir a cincuenta y dos mi lista de pasajes favoritos. *Toda* la Escritura es inspirada por Dios. *Toda* la Escritura es útil (2 Ti. 3:16). Pero esos versículos son particularmente útiles para cualquiera que desee tener una firme convicción de la verdad.

Quienes conocen muy bien mi enseñanza notarán que he escogido versículos que reflejan los temas principales que he subrayado en mi ministerio de enseñanza. Esos temas abarcan los grandes temas de la Biblia. Son el corazón de la Biblia.

Pudiera haber escrito un libro muy distinto. Pudieras pensar que el corazón de la Biblia es un *cuento*. Sin duda, hay una historia que va desde Génesis hasta Apocalipsis y su personaje principal es Dios. La Biblia dice cómo Dios hizo el mundo y a los seres humanos (Adán y Eva), cómo cayeron, fueron juzgados y recibieron gracia, cómo sus descendientes cayeron, fueron juzgados y volvieron a recibir gracia. Cuenta cómo Dios redimió y creó para sí a un pueblo (Israel), cómo tuvo el propósito de que fuera santo y que fuera luz para el mundo y cómo cayeron, fueron juzgados y recibieron gracia. Cuenta cómo Dios se hizo carne entre aquellas personas en la persona de su Hijo y se entregó por nuestra salvación; cómo murió en una cruz por nuestros pecados y resucitó de los muertos para que tuviéramos su vida. Nos cuenta cómo Dios creó la Iglesia y llamó a las personas a un nuevo tipo de vida y cómo el reinado de Dios llegará un día a ser total.

Este libro presupone el conocimiento de esa historia. Lo que este libro trata de hacer es extraer las grandes verdades que están reveladas en esa historia y unirlas con los grandes principios de la vida que revelan las Escrituras. Me parece que para un nuevo creyente, o uno que desea estar fundamentado en la verdad de Dios, nada pudiera ser más útil que poner la mira en el carácter de la Biblia, el carácter de Dios, el carácter de la salvación y el carácter del discipulado.

Espero que al leer esas cincuenta y dos secciones, meditarás en los pasajes bíblicos y no en mis comentarios. Es la Palabra de Dios misma la que es perfecta, segura, justa y pura. Sus palabras pueden dar vida, no las mías. Mientras meditas en ellas, hallarás deleite, alimento y disciplina. Las promesas de Dios son una fuente de consuelo, pero también son una espada que entra en nuestro corazón.

Es mi oración que escondas la Palabra de Dios en tu corazón, que no peques contra Él y que lo ames con todo lo que eres y te conviertas en la persona que Él te ha llamado a ser. Como siempre, agradezco a mis editores en Thomas Nelson por su ayuda. Ellos sugirieron que mis comentarios sobre esos pasajes pudieran ser útiles para ti en tu crecimiento cristiano. Espero que tengan razón en cuanto a mis comentarios. Sé que tienen razón en cuanto a la utilidad del corazón de la Biblia.

John MacArthur

CAPÍTULO 1

LA BIBLIA *en* TU CORAZÓN

LA BIBLIA NO ES SIMPLEMENTE UN LIBRO que se lee para informarse. Se lee para transformarse. Las palabras de la Biblia son la misma Palabra de Dios y transforman tu corazón cuando meditas en ellas. Eso es lo que la Biblia afirma de sí misma: Es un tesoro perfecto que nos transforma, nos ilumina, nos juzga, nos prepara y nos hace crecer.

Mientras lees los versículos favoritos que he incluido en este libro, no les pases por encima rápidamente. Saboréalos. Repítetelos a ti mismo. Medita en su significado para tu vida y permíteles penetrar en tu corazón. Eso es lo que la Biblia misma dice que hagamos.

MEDITACIÓN EN LA PALABRA DE DIOS

Nunca se apartará de tu boca este libro de la ley, sino que de día y de noche meditarás en él, para que guardes y hagas conforme a todo

> lo que en él está escrito; porque entonces harás prosperar tu camino, y todo te saldrá bien.
>
> —*Josué 1:8*

¿Dónde halla su lugar la Palabra de Dios? En tu boca y en tu corazón. En Josué 1:8, "este libro de la ley" se refiere a los cinco libros de Moisés, desde Génesis hasta Deuteronomio. Pero el mismo mandamiento puede extenderse a todos los libros de la Biblia, toda la Palabra de Dios. El mandamiento es que esta no debe apartarse de tu boca. En otras palabras, debe formar parte de tu vocabulario todo el tiempo. Debes hablar de la Biblia y de las cosas que a ella se refieren en todo momento.

¿Cómo puede ocurrir eso? Ocurrirá cuando medites en ella noche y día. Es un principio sencillo. Si saturas tu mente y tus pensamientos con la Palabra de Dios, eso saldrá en tus palabras. Si saturas tu mente y tus pensamientos con otras cosas, esas saldrán igualmente en tu conversación. El libro de Proverbios nos dice que como el hombre piensa en su corazón, así es (Pr. 23:7). Jesús dijo: "de la abundancia del corazón habla la boca" (Mt. 12:34). Si tu corazón está lleno de la Palabra de Dios, eso es lo que va a salir de tu boca. Antes que eso pueda suceder, tienes que llenar tu corazón de la Palabra. Por eso es tan importante la meditación.

Cuando meditas, al leer un versículo una y otra vez y analizar su significado, el texto comienza a llenar tu corazón. Por eso, creo que Dios nos dio un libro y no un vídeo de música. Un vídeo de música simplemente vuela, saltando de un ángulo al siguiente, bombardeándote con imágenes y luego termina. Aun la mejor película solamente te envuelve como una ola y luego se retira. Nuestra experiencia con ella es fugaz. Pero las palabras en una página están detenidas allí de modo permanente. Se puede volver a la misma página, al mismo versículo, una y otra vez y seguir meditando en él. Se puede comparar con otros versículos. Se puede sintetizar lo que dicen varios versículos e interpretarlos cuidadosamente. Eso es meditación; no un encuentro momentáneo con la verdad, sino una inmersión en ella. Poner su Palabra en un libro fue la mejor manera en que Dios pudo poner en nuestras manos una herramienta que nos enseñara a meditar.

Si meditas en la Biblia noche y día, eso comenzará a salir de tu boca. Tu palabra será "siempre con gracia, sazonada con sal", como dice Pablo (Col. 4:6). Será el tipo de conversación que edifica a los demás en vez de aplastarlos (1 Co. 14:26; 1 Ts. 5:11).

El propósito de meditar en los mandamientos de Dios es: "para que guardes y hagas conforme a todo lo que en él está escrito". El propósito no es solo el conocimiento sino la obediencia. Aquí la promesa es que la meditación finalmente producirá un cambio de actitud porque nuestro corazón estará saturado de la Palabra de Dios. David pide en el Salmo 19:14: "Sean gratos los dichos de mi boca y la meditación de mi corazón delante de ti, oh Jehová, roca mía, y redentor mío". Él está pidiendo: "Oh Jehová, gobierna y guarda la meditación de mi corazón". ¿Por qué? Porque eso es lo que se va a ver en mi comportamiento.

Mientras la Biblia te moldea como cristiano, te trae bendición. Promete que si meditas en la Palabra, hablas de la Palabra y vives la Palabra, tu camino será prosperado y tendrás éxito. Ese es el verdadero "evangelio de la prosperidad", no el falso mensaje de que Dios quiere que todos se vuelvan ricos rápidamente. Dios no promete prosperarte solo porque deseas cosas. Dios promete bendecir tu vida espiritual y tus esfuerzos espirituales con éxito mediante la profunda comprensión y aplicación de las Escrituras.

DELEITE EN LA LEY

> Bienaventurado el varón que no anduvo en consejo de malos, ni estuvo en camino de pecadores, ni en silla de escarnecedores se ha sentado; sino que en la ley de Jehová está su delicia y en su ley medita de día y de noche.
>
> —*Salmo 1:1-2*

¿Cómo puedes ser bendecido? ¿Cómo puedes encontrar un arraigado contentamiento y bienestar espiritual bajo la superficie de las circunstancias de la vida? Estos versículos son una promesa de bendición. Nos dicen lo que debemos evitar y en qué debemos poner la mira.

Si quieres ser bendecido, dice el salmista, no andes en el consejo de los malos. ¿Qué significa eso? No escuches lo que los impíos tienen que decir. No sigas sus consejos. No dejes que influyan en ti su perspectiva sobre las cosas, su valoración de la situación ni su solución a un problema.

Aquí se representa un proceso de tres etapas que se mueve del caminar, al estar y al sentarse. Comienza con la imagen de caminar al lado de personas impías, ocupados en una conversación superficial. Ni siquiera comiences con esto, dice el salmista. No te expongas a las mentiras de las personas que evalúan el mundo sin tener en cuenta la Palabra de Dios.

La imagen siguiente es la de estar con los pecadores. Si te encuentras caminando con ellos, no te quedes con ellos ni hables con ellos. No permitas que la conversación se haga más profunda y penetrante.

La imagen final es sentarse con el escarnecedor, compartir el asiento de modo que llegas a ser uno de ellos. No te acerques demasiado a los que se burlan de Dios. Tampoco te sientes en el aula de ellos mientras se mofan de la verdad divina. Muchos jóvenes se sientan en aulas donde un maestro escarnecedor trata de destruir su fe.

Si quieres ser bendecido, aléjate de todo eso. Más bien busca deleite en la ley del Señor. Para casi todos nosotros hoy, la idea de deleitarse en la ley es un concepto extraño. Podemos temer la ley o respetarla, pero encontrar placer en ella no es algo que cruce por nuestra mente. Pero el salmista está pensando en toda la Torah como el don misericordioso de Dios de dirección sobre cómo vivir en una relación de pacto con Él. La revelación de Dios de la forma correcta de vivir, adorarlo y conocerlo es algo como para deleitarse. El Salmo 119 emplea las palabras "delicia" y "regocijo" nueve veces para describir nuestra actitud hacia la Palabra de Dios. Es fuente de gozo y satisfacción.

En lugar de deleitarte en la última y mejor manera de burlarte de lo que es bueno, halla tu placer en conocer y hacer la voluntad de Dios. Medita noche y día en los pasajes que revelan su voluntad para tu vida. Entonces cuando camines, caminarás con los piadosos; cuando estés en algún lugar, estarás con los justos; cuando te sientes, te sentarás en un lugar que es santo. Esa es la senda hacia la bendición.

LA DIVERSIDAD Y PERFECCIÓN DE LAS ESCRITURAS

La ley de Jehová es perfecta,
 que convierte el alma;
El testimonio de Jehová es fiel,
 que hace sabio al sencillo.
Los mandamientos de Jehová son rectos,
 que alegran el corazón;
El precepto de Jehová es puro,
 que alumbra los ojos.
El temor de Jehová es limpio,
 que permanece para siempre;
Los juicios de Jehová son verdad,
 todos justos.

—*Salmo 19:7-9*

La Biblia tiene más de una función en nuestra vida. El salmista da a las Escrituras seis títulos distintos, reflejando seis caras diferentes de una joya. Como "la ley de Jehová", es la norma de Dios para la conducta humana. Como "el testimonio de Jehová", es la revelación de Dios mismo, Dios dando testimonio acerca de quién es Él. Como "los mandamientos de Jehová", es el conjunto de doctrinas y principios que el Señor quiere que conozcamos. Como "el precepto de Jehová", es el mandato obligatorio y autorizado que Dios nos da. Como "el temor de Jehová", es un manual de adoración que nos enseña a temer y adorar a Dios como es debido. Como "los juicios de Jehová", las Escrituras nos dan los veredictos del Juez divino, Dios mismo. La Biblia es todo eso.

Este salmo también nos habla del carácter de la Biblia. Es perfecta. La palabra hebrea significa completa, integral, lo abarca todo. También es fiel; algo digno de crédito, algo en lo que se puede confiar para recibir sustento. También es recta, dirige por el camino recto en lugar de conducir por el mal camino. Es pura. La palabra significa clara, transparente, que permite el paso de la luz. Es limpia, sin mancha, sin falla ni defecto. Por último, es verdad, la absoluta verdad. ¡Qué testimonio para la Biblia: Es perfecta, fiel, recta, pura, limpia y verdadera!

Entonces el salmista nos dice lo que la Biblia hace. Convierte el alma, transformando todo el ser interior de la persona. Son palabras que cambian vidas. Hacen sabio al sencillo. La palabra hebrea para "sencillo" se refiere a una puerta abierta, porque a las personas ingenuas se les veía como si tuvieran las puertas de la mente abiertas de par en par. Permiten que entre todo, sin discernir, pero nada se queda. A veces quiero decirle a una persona que se jacta de tener una mente abierta: "Ten la bondad de callarte. Estás permitiendo que todo entre y salga. Necesitas discernir mejor". La Biblia toma a los ingenuos, que no saben la diferencia entre lo que deben valorar y lo que es basura, y los hace sabios.

La Biblia no solo trae sabiduría; también alegra el corazón. Los principios del Señor para la vida son la verdadera fuente de gozo para el corazón humano. Alumbra nuestros ojos, permitiéndonos ver lo que no podíamos ver, haciendo comprensibles las cosas confusas. Permanece para siempre. Podemos confiar en que no es necesario actualizarla para cada cultura. Es siempre importante. "Sécase la hierba, marchítase la flor; mas la palabra del Dios nuestro permanece para siempre" (Is. 40:8). Su Palabra es plenamente justa, produciendo en nosotros una justicia integral que nunca pudiéramos lograr por nuestra cuenta. ¡Qué libro tan asombroso! ¡Qué razón para alabar a nuestro Dios!

DESEO DE LA LECHE ESPIRITUAL

> Desechando, pues, toda malicia, todo engaño, hipocresía, envidias, y todas las detracciones, desead, como niños recién nacidos, la leche espiritual no adulterada, para que por ella crezcáis para salvación.
>
> —*1 Pedro 2:1-2*

¿Cómo crecemos espiritualmente? El apóstol Pablo dice que debemos crecer hacia la madurez, hacia la plena estatura de Cristo mismo (Ef. 4:13). ¿Cómo ocurre eso? Ocurre, dice Pedro, cuando deseamos la leche espiritual de la Palabra de Dios de la misma manera que un recién nacido desea la leche materna.

Siempre hemos tenido niños alrededor de la casa de los MacArthur. Tenemos cuatro hijos y trece nietos. Hay una cosa muy clara con relación a los bebitos: Ellos desean leche. Una vez tenía cargado a uno de mis nietos cuando estaba recién nacido y tenía muchos deseos de tomar leche. Lamentablemente deseaba alimentarse y su madre no estaba allí. Yo era del todo inservible para él en aquel momento. Por mucho que gritara, no había nada que yo pudiera hacer por él.

Es que los niños esencialmente desean leche y nada más. No les interesa el color de sus ropas. No les importa el color de la cuna. Cuando tienen hambre, no les interesan los juguetes, ni las canciones ni ninguna otra cosa. ¡Solo denme la leche! Están muy bien orientados en lo que desean.

Es lo exclusivo y sencillo de ese deseo lo que es tan llamativo. Cuando el niño crece y ya comienza a andar, la vida se vuelve más complicada. El niñito comienza a querer más leche, más alimento. A medida que envejeces, la vida se vuelve más compleja y tus deseos se vuelven más diversos.

Pedro está diciendo que, si quieres crecer espiritualmente, tienes que volver a aquel sencillo apetito de un recién nacido y desear solo una cosa: la leche espiritual de la Palabra de Dios. Pon a un lado todo lo demás. Deja a un lado la malicia. Deja a un lado todo lo engañoso. Deja a un lado toda hipocresía, toda envidia de otras personas y el hablar mal de otras personas. Despójate de todas esas cosas y concéntrate en una, el alimentarte de la Biblia, desearla tanto como un niño desea la leche.

No es solamente la maldad lo que debemos dejar a un lado. Necesitamos dejar también todas las cosas buenas que pudiéramos estar haciendo y que no son las mejores. Necesitamos dejar a un lado todas las otras cosas de las que pudiéramos estar hambrientos y que, en realidad, no nos ayudan a crecer. Tenemos que cultivar el apetito por la Biblia. Espero que los versículos favoritos en este libro te ayuden a comenzar a probar cuán maravillosa es la Palabra de Dios y a despertar más hambre por ella. Cada vez que tengas la oportunidad de beber de esa leche espiritual, debes ser como un niño que llora y que anhela ser satisfecho y debes beber hasta saciarte. Así es como crecerás.

EL PROPÓSITO DE LA BIBLIA

> Toda la Escritura es inspirada por Dios y útil para enseñar, para redargüir, para corregir, para instruir en justicia, a fin de que el hombre de Dios sea perfecto, enteramente preparado para toda buena obra.
>
> —*2 Timoteo 3:16-17*

Estos versículos, tomados en conjunto como una oración, nos dicen no solo *cómo* se dieron las Escrituras, por inspiración divina, sino también *por qué* se dieron las Escrituras. ¿Con qué propósito Dios nos dio la Biblia? Podemos comprender la respuesta comenzando al final de la oración y trabajando en ella hacia atrás.

La meta es que hagamos buenas obras. Esas no son buenas obras que hacemos a fin de ser salvos. Esas no son obras que simplemente parecen buenas a nuestros propios ojos. Son obras que son de veras buenas según las normas de Dios y lo honran. Jesús dijo: "Así alumbre vuestra luz delante de los hombres, para que vean vuestras buenas obras, y glorifiquen a vuestro Padre que está en los cielos" (Mt. 5:16). Prepararnos para que hagamos las cosas que glorifican a Dios es el propósito de la Biblia.

A fin de estar capacitados para hacerlo, debemos estar "enteramente preparados". Aquí la palabra significa maduros, crecidos y capaces. ¿Cómo llegamos a ese tipo de madurez? Requiere de un proceso mediante el cual se nos prepara y perfecciona, e incluye cuatro cosas: doctrina, amonestación, corrección e instrucción en justicia.

Todo comienza con la doctrina. ¿Qué significa doctrina? ¡Enseñanza! Se nos tiene que enseñar el contenido de la Biblia, pero este tiene que ser la clase de enseñanza que obra en nosotros. ¿Cómo obra en nosotros? En primer lugar, nos redarguye. Necesitamos una enseñanza que confronte nuestro pecado y confronte nuestras ideas incorrectas. Esta señala dónde radican los errores. Entonces necesitamos la enseñanza que corrija los errores. La amonestación señala un lugar torcido en nuestro modo de pensar, mientras que la corrección lo endereza. Necesitamos una enseñanza que haga ambas cosas; primero derribando y exponiendo lo que está mal y luego restaurando, haciéndonos regresar a lo correcto. Por último, necesitamos una enseñanza que nos diga cómo andar en esa senda recta.

¿Dónde vamos a encontrar la verdad que elimina el error, trae una creencia acertada y nos pone en el camino recto? Este pasaje dice: "Toda la Escritura". Toda la Escritura es provechosa para estas cosas. La Biblia es provechosa, útil para nosotros, porque trae la sana doctrina que derriba lo que está mal y fortalece lo que está bien. Nos pone en el camino de la vida para que podamos llegar a ser maduros y a estar preparados para hacer las obras que honran a Dios. Toda la Escritura hace eso.

Lo hace porque es inspirada por Dios. La palabra griega es "respirada por Dios". La Escritura sale de la boca de Dios y cuando lees la Biblia estás leyendo la mismísima Palabra de Dios. Los hombres la escribieron pero Dios la "respiró". Es tan viva y poderosa la Palabra de Dios que nos trae la verdad y nos prepara para toda buena obra.

LA PALABRA QUE CORTA

> Porque la palabra de Dios es viva y eficaz, y más cortante que toda espada de dos filos; y penetra hasta partir el alma y el espíritu, las coyunturas y los tuétanos, y discierne los pensamientos y las intenciones del corazón.
>
> —*Hebreos 4:12*

¿Piensas que la Biblia es un buen libro? Muchos lo consideran un libro de historias religiosas. Los cristianos muchas veces creen que la Biblia es un libro para dar aliento y consuelo, un libro que fortalece. Pero la Biblia misma dice que es una espada: viva, poderosa y afilada. Corta como el bisturí de un cirujano, hasta las profundidades de tu alma y espíritu, llega hasta las coyunturas y el tuétano de tus huesos. Esa es una vívida imagen. Parece algo que hiere. La Biblia no es una loción que nos frotamos para recibir alivio; es una cuchilla que penetra en lo profundo de nuestro ser. Conoce nuestros pensamientos e intenciones mejor que nosotros.

Nada corta ni penetra como la verdad de Dios. Toda la psicología y filosofía del mundo está imposibilitada de invadir las profundidades de nuestra alma como puede hacerlo la Palabra de Dios. Ningún psicólogo ni filósofo pudiera conocerte de la manera en que Dios te conoce. Jesús dijo (Jn. 2:25) que Él no necesitaba que nadie le dijera lo que había en el corazón del hombre porque ya sabía lo que había. Tu corazón está totalmente desnudo delante de Dios. Él mira en tu interior. Su mirada llega a penetrar tu alma.

Nadie te conoce como Dios. Ningún libro llega hasta lo profundo de tu corazón de la manera que lo hace la Biblia, de una manera negativa y positiva. Cuando estamos deprimidos, la Biblia sabe cómo levantarnos, consolarnos y fortalecernos. Pero cuando estamos bien, elevados por el orgullo o por la sabiduría humana, la Biblia sabe cómo hacernos descender al descubrir nuestro pecado, desenmascarar nuestra hipocresía y demoler nuestra voluntariedad.

La lectura de la Biblia no está exenta de riesgos. Puede ser una experiencia atemorizante. Pero cada vez que Dios corta con su Palabra, Él sana. Cualquier cosa que Él revela, lo hace para nuestra purificación. Jesús dijo (Jn. 15:2) que somos como los pámpanos de una vid que poda el hortelano. Tenemos que ser podados o cortados para que podamos dar fruto. Es la Palabra la encargada de ese corte.

Estoy agradecido por la Palabra de Dios como una fuente de consuelo, esperanza, gozo, adoración y alabanza. También estoy agradecido porque la Palabra de Dios es una espada que penetra, convence y discierne, y no me permite hacer todas las cosas. Mientras expongo mi vida a la Palabra de Dios, queda revelado mi pecado. Cuando se revela el pecado, puedo afrontarlo. Ese es el tipo de purificación que me hace capaz de llevar más fruto, para mi propio gozo y para la gloria de Dios.

CAPÍTULO 2

CONOCIMIENTO *y* CONFIANZA EN NUESTRO GRAN DIOS

A VECES, EL DIOS QUE ENCONTRAMOS EN LA BIBLIA y en la creación parece tener tanta extensión y complejidad que nos preguntamos si podemos conocerlo en lo absoluto. Él es el Dios que puso las estrellas en el cielo y dio forma a la historia humana con sus obras poderosas. En otras ocasiones, el Dios de nuestra experiencia cristiana es tan íntimo y familiar que perdemos de vista su grandeza. Él es nuestro Padre celestial que conoce todas nuestras necesidades, a quien podemos llevarle todas las tristezas.

La Biblia revela que Dios es tan grande que nunca podemos llegar a comprenderlo plenamente, pero Él quiere que lo conozcamos. Dios nos creó para una relación con Él y puso en nosotros el deseo de conocerlo. Dios también quiere que confiemos en Él, aun más allá de los límites de nuestro entendimiento.

ANHELO DE DIOS

Dios, Dios mío eres tú;
De madrugada te buscaré;
Mi alma tiene sed de ti,
  mi carne te anhela,
En tierra seca y árida
  donde no hay aguas,
Para ver tu poder y tu gloria,
Así como te he mirado en el santuario.
Porque mejor es tu misericordia que la vida;
mis labios te alabarán.

—Salmo 63:1-3

Esta oración es acerca de un anhelo. El salmista se levanta temprano por la mañana y tiene sed, pero no es sed de agua. Tiene sed de Dios, que es lo primero que quiere en la mañana. En su vida espiritual es como un peregrino en el desierto que desea algo de beber. En realidad, David estaba en el desierto cuando escribió este salmo, escondiéndose pero anhelante de regresar a Jerusalén donde pudiera adorar. Él era como el ciervo en las colinas del desierto del Salmo 42:1: "Como el ciervo brama por las corrientes de las aguas, así clama por ti, oh Dios, el alma mía".

Ese es el corazón de un verdadero creyente. Este es el corazón jadeante, el corazón sediento, el corazón hambriento que solo puede satisfacerse con la presencia y el poder de Dios. ¿Qué quería ver? Quería ver el poder de Dios manifestado en su vida, la gloria de Dios revelada en la adoración. Quería experimentar la misericordia de

Dios, la misericordia y la gracia de Dios, para poder ofrecer alabanza. Esa era la prioridad en la vida de David.

¿Cuál es tu anhelo en la vida? ¿Qué ansías en la tranquilidad de la noche y al levantarte por la mañana? ¿Alguien a quien amar, éxito en alguna medida, un auto nuevo o una nueva casa? Si fueras a escribir en este mismo instante las tres cosas que más deseas, ¿estaría el conocer a Dios como primer deseo en la lista? El apóstol Pablo podía decir: "a fin de conocerle" (Fil. 3:10). Su oración por los efesios era que pudieran crecer en el conocimiento de Dios (Ef. 1:17). ¿Es eso lo que deseas?

Que sea esta nuestra oración: *Oh, Dios, eres tú lo que deseo. Te deseo en mi vida. Me siento reseco y sediento. Me siento débil y solo. Necesito tu poder, tu gloria, tu misericordia. Esto significa para mí más que la propia vida, y deseo alabarte.*

ALABANZA EN EL CONOCIMIENTO DE DIOS

> Así dijo Jehová: No se alabe el sabio en su sabiduría, ni en su valentía se alabe el valiente, ni el rico se alabe en sus riquezas. Mas alábese en esto el que se hubiere de alabar: en entenderme y conocerme, que yo soy Jehová, que hago misericordia, juicio y justicia en la tierra; porque estas cosas quiero, dice Jehová.
>
> —*Jeremías 9:23-24*

¿Por qué cosas te alabas? "Alabarse" por algo significa jactarse de eso. ¿De qué te jactas?

Vivimos en un mundo lleno de personas que se glorían en su sabiduría. Colocan una larga cadena de títulos detrás de sus nombres. Desean que las personas se impresionen con sus logros académicos y con lo listos que son. El mundo está lleno de personas que se glorían en su fuerza. Hoy los deportistas profesionales están constantemente jactándose de su fortaleza física y de sus habilidades. La gente de negocios se jacta de la fuerza de su liderazgo y su capacidad empresarial. Y el mundo está lleno de personas que se glorían en sus riquezas. Quieren que todos sepan que son ricos. Exhiben su riqueza en sus cuerpos con ropas y joyas caras. Se pasean en sus riquezas en la forma de un automóvil de lujo. Viven en una casa que dice "riqueza" a todo el que pasa. Así somos los seres humanos caídos: Nos gloriamos en nuestra sabiduría, en nuestra fortaleza y en nuestra riqueza.

Pero el profeta Jeremías dice que esto es lo que el Señor dice: "Alábese en esto el que se hubiere de alabar: en entenderme y conocerme". Es en esto en lo que tenemos que gloriarnos como cristianos. Pablo dice (1 Co. 1:26-29) que no hay muchos cristianos que estén entre los nobles o poderosos de este mundo. Dios escogió a lo despreciable y humilde y débil. No podemos decir que somos los más sabios del mundo. No podemos decir que somos los más fuertes del mundo. Pero sí podemos decir que conocemos y entendemos a Dios.

Estaba en el asiento del medio de un avión junto a un hombre que parecía ser del Oriente Medio. Este señor notó que yo estaba leyendo una Biblia.

—¿Pudiera hacerle una pregunta? —me dijo.

—¡Claro que sí! —le respondí.

—Soy un recién llegado en los Estados Unidos —me dijo—. Vine de Irán y estoy confundido en cuanto a la religión de este país. Todo el mundo en mi país es musulmán, pero aquí hay demasiadas religiones. ¿Puede hablarme acerca de la religión en los Estados Unidos?

—Por supuesto, ¿cuál es su pregunta?

—¿Cuál es la diferencia entre un católico, un protestante y un bautista? —me preguntó él.

Le expliqué las diferencias de una manera sencilla.

—¿Puedo hacerle una pregunta? —le dije entonces.

—Por supuesto —me respondió.

—¿Es usted un pecador?

—Ah, sí —respondió—: Yo peco.

—En su fe —le pregunté—, ¿qué les pasa a los pecadores?

—Ah, pudieran ir al infierno.

—¿Tiene alguna esperanza de que *usted* no vaya al infierno? —le pregunté.

—Espero que Dios me perdone —respondió él.

—Pues bien, yo conozco a Dios y Él no lo perdonará.

El hombre se quedó atónito.

—¿Conoce usted a Dios? —me preguntó. Podía imaginarme al hombre pensando: *¿Qué hace en el asiento del medio de un avión con un pasaje económico si usted conoce a Dios? ¿No tiene acaso influencia para algo más?*

No fue fácil decirle que yo conozco a Dios, pero tenía que hablarle del Dios que yo conozco. Le hablé del Dios descrito en Jeremías 9:24. Él es un Dios que ejercita la misericordia con todas las personas, incluso con los iraníes. Pero Él también es un Dios que ejercita el juicio y la rectitud en el mundo. Quienes no lo conocen, quienes no han llegado a conocerlo por medio de su Hijo, estarán bajo el juicio de Dios y estarán en el infierno. Pero la buena noticia es que las personas de todas las naciones pueden ser perdonadas al confiar en Cristo.

Conozco a Dios. Es asombroso pero real que una criatura pequeña y finita como yo pueda conocer al Dios del universo. Dios se me ha dado a conocer en Jesucristo y en su Palabra. ¿Por qué desearía gloriarme en la sabiduría humana, en el poder humano o en las riquezas humanas, cuando puedo gloriarme en la realidad de que conozco al Dios del universo? La relación que tengo con Dios es más preciosa que la inteligencia, la fuerza o la riqueza.

Mi conocimiento de Dios es valioso para mí, pero yo soy aún más valioso para Dios. Esa es la maravillosa verdad al final del versículo 24: Dios se complace en quienes lo entienden y lo conocen. Si conoces a Dios como se ha revelado en la Biblia, si comprendes que Él es un Dios que ejerce amor y juicio, Dios se complace en ti.

CONFIANZA EN EL SEÑOR

Fíate de Jehová de todo corazón,
Y no te apoyes en tu propia prudencia.
Reconócelo en todos tus caminos,
Y él enderezará tus veredas.

—Proverbios 3:5-6

Ese mandato en realidad llega hasta lo más profundo de nuestra vida cristiana. ¿Confías plenamente en el Señor? "De todo corazón" significa que confías en Él en todo y con todo lo que eres. ¿Puedes confiar en el Señor sin que importe lo que venga, bueno o malo? ¿Puedes confiar en Él a pesar de todo el dolor o el sufrimiento que tengas que soportar, a pesar de la prueba que tengas que afrontar? ¿Confiarás en Él cuando tus sueños se frustren y se consuman? ¿Confías en el Señor plenamente, sin que importe lo que ocurra?

La alternativa es confiar en ti mismo, apoyarte en tu propia comprensión. Podemos escoger confiar en nuestra propia interpretación de los sucesos en lugar de confiar en que Dios está dirigiendo nuestros pasos. Cuando las cosas en tu vida parecen estar fuera de control, tienes que recordar que Dios te ama y que, en todo, Él está obrando para tu bien. No debemos entender todo lo que nos ocurre. Debemos aprender a confiar en Dios en vez de confiar en nuestra capacidad para darles sentido a las cosas.

Uno de mis libros predilectos de la Biblia es el libro de Job. Él tuvo más problemas de los que la mayoría de nosotros podamos imaginar. Todos sus hijos murieron cuando estaban adorando a Dios en una de las casas de sus hijos. Luego perdió todos sus animales, todos sus cultivos, toda su riqueza. Luego se enfermó y se sentaba sobre cenizas lamentándose y rascándose las llagas. Lo único que le había quedado era su esposa y no le servía para nada. Ella le dijo que maldijera a Dios y muriera.

Job tenía algunos amigos que fueron a verlo y durante la primera semana solamente se quedaron callados sin decir una sola palabra. Solamente lloraron con Job y se compadecieron de él. Eso fue sabio y bueno. Pero, después de siete días, los amigos abrieron su boca y toda su sabiduría desapareció. Llegaron a conclusiones ridículas con relación a la dura situación de Job y responsabilizaron de ello al pecado de Job. Ellos se creían muy espirituales y pensaban que estaban siendo de gran ayuda. Tenían su propia comprensión de los acontecimientos y estaban completamente equivocados.

Finalmente, Job mismo le preguntó a Dios: "¿Cómo voy a entender esto? Mi corazón es recto. Soy un hombre íntegro. No puedo hallar pecado alguno en mi vida. No tengo idea de por qué me está pasando todo esto". Job no sabía que Dios estaba permitiendo que Satanás probara su fe para demostrar que la fe salvadora no puede ser destruida por la tragedia. Job le pidió a Dios que le explicara por qué estaba sufriendo. La respuesta de Dios fue: "No, no te lo voy a explicar. ¿Por qué debiera explicarte algo? ¿Qué te hace pensar que pudieras entender?". Dios le reveló a Job su poder creador y su grandeza infinita.

Al final, Job dijo simplemente: "De oídas te había oído; mas ahora mis ojos te ven. Por tanto… me arrepiento en polvo y ceniza" (Job 42:5-6). Estaba diciendo, en realidad: Siento mucho haberte cuestionado. Solo voy a confiar en ti. En respuesta a esa confianza, Dios volvió a dar a Job una familia y mayores bendiciones de las que había conocido antes.

No puedes descansar en tu propia interpretación de las cosas que suceden en tu vida. Solo puedes descansar en el Señor. Confía en Él con todo tu corazón. Reconócelo en todo momento. Él abrirá un camino que nunca habías esperado. Esa es su promesa.

EL DIOS QUE NOS GUARDA

> Y a aquel que es poderoso para guardaros sin caída, y presentaros sin mancha delante de su gloria con gran alegría, al único y sabio Dios, nuestro Salvador, sea gloria y majestad, imperio y potencia, ahora y por todos los siglos. Amén.
>
> —*Judas 24-25*

Estos versículos son lo que llamamos una doxología, una expresión de alabanza a Dios. Hay muchas de estas doxologías diseminadas por todo el Antiguo y el Nuevo Testamento. Esta se emplea a menudo como una bendición para finalizar una adoración cristiana, tal y como finaliza la carta de Judas. Es una bendición que trata sobre la grandeza de Dios, pero al mismo tiempo pronuncia una bendición sobre ti, porque te recuerda que Dios puede guardarte de caer y presentarte intachable ante la presencia de su gloria con gran alegría.

¿Qué significa eso? Significa que Dios no te va a perder. No te va a soltar. Nunca vas a caer de su gracia. Dios te va a guardar de tropiezos, de caer en la tentación de abandonar la fe y negar a Cristo. Al final, Él te va a presentar ante sí mismo intachable.

¿Cómo puede ser eso, cuando ahora no eres intachable? Cuando llegue ese día, cuando entres en la presencia de la gloria de Dios en el cielo, será una nueva versión de ti la que Dios se presentará a sí mismo. Tu naturaleza humana caída habrá desaparecido. Habrás sido transformado a la semejanza de Cristo. Nunca serás perfecto en esta vida, pero aquel día serás hecho perfecto y santo, sin mancha ni defecto. ¡No es de extrañar que habrá gran alegría!

Esta es la promesa de Dios: Si eres de Cristo, Él te guardará. Jesús dijo: "Todo lo que el Padre me da, vendrá a mí; y al que a mí viene, no le echo fuera" (Jn. 6:37). Él dijo: "De los que me diste, no perdí ninguno" (Jn. 18:9). "Y esta es la voluntad del que me ha enviado: Que todo aquel que ve al Hijo, y cree en él, tenga vida eterna; y yo le resucitaré en el día postrero" (Jn. 6:40).

Cristo recibe a todo el que el Padre le da. A todo el que Él recibe, lo guarda. A todo el que Él guarda, lo levanta a gloria eterna.

Así que podemos alabar a nuestro Dios por cumplir sus promesas y por guardarnos a nosotros. Dios es nuestro Salvador. Solo Él es sabio. Solo a Él pertenece toda gloria y majestad, todo imperio y potencia, ahora y por todos los siglos. Amén.

CAPÍTULO 3

COMPRENSIÓN *del* REINADO *de* DIOS

UNA COSA ES COMPRENDER que Dios reina sobre el mundo entero y otra totalmente distinta es comprender que Dios controla las circunstancias de tu vida y las pruebas que afrontas. La soberanía de Dios no es una doctrina abstracta reservada para los teólogos. Es un concepto bíblico que afecta la forma en que contemplas cada día de tu vida.

¿Por qué permite Dios que nos suceda algo malo? ¿Por qué permitiría que fuéramos tentados? ¿Estoy en un juego de tira y afloja entre Dios y Satanás? Si Dios controla las circunstancias, ¿tengo de veras libre albedrío? Estas son algunas de las preguntas en las que meditaremos en este capítulo mientras consideramos algunos versículos muy impactantes.

DIOS HACE QUE TODO AYUDE PARA BIEN

> Y sabemos que a los que aman a Dios, todas las cosas les ayudan a bien, esto es, a los que conforme a su propósito son llamados.
>
> —*Romanos 8:28*

¿Es bueno todo lo que te ocurre? Eso no es lo que dice este versículo. Dice que Dios hace que todas las cosas malas obren para el bien de quienes aman a Dios.

Los cristianos no niegan que hay muchísima maldad en el mundo. Ni siquiera niegan que hay muchísima maldad en *ellos*. Sin duda, puedes identificarte con la confesión de Pablo en Romanos 7:19: "Porque no hago el bien que quiero, sino el mal que no quiero, eso hago". Él exclama: "¡Miserable de mí!" (7:24) Y confiesa: "en mi carne, no mora el bien" (7:18). Así que Romanos 8:28 no dice que no haya nada malo. Dice que aun lo que es malo en nosotros puede obrar para bien.

Observa que el versículo no dice que las cosas por sí mismas obran para bien. Eso es lo que el mundo piensa: que "todas las cosas saldrán bien". Pero los mejores manuscritos griegos de este versículo ponen en claro que el sujeto de la oración no es *cosas* sino *Dios:* "Sabemos que Dios hace que todas las cosas obren para bien".

Eso nos señala un elemento muy importante del carácter de Dios. Podemos llamarlo la *soberanía de* Dios. Esa es su autoridad y su poder supremo sobre todos los asuntos de la vida, para producir por ellos sus propios buenos propósitos. También la pudiéramos llamar la *providencia* de Dios. Es decir, la forma maravillosa en que Dios toma todas las vicisitudes de la vida, todas las contingencias, todas las decisiones, todas las cosas buenas, malas e indiferentes y las entrelaza para un buen propósito.

Esa promesa no es para todo el mundo. Dios no dice que todo obrará para bien para todas las personas en el mundo. Esa es una promesa hecha solamente para quienes aman a Dios, quienes han sido llamados a la salvación. Si eres creyente, entonces puedes estar seguro de que fue el propósito de Dios llamarte a la salvación. No todo en tu vida será bueno, pero todo en tu vida obrará por la soberana providencia de Dios.

Pudieras no ver eso en este momento, pero cada sufrimiento, cada tentación, cada prueba, incluso cada pecado, Dios los teje en un tapiz que al final es para tu bien. A veces, mirar tu situación es como mirar la parte de atrás de una alfombra oriental. Lo único que puedes ver es un montón de hilos que van en todas direcciones. Parece algo caótico. Pero si das la vuelta a la alfombra, puedes ver un diseño maravilloso. Cuando se le dé la vuelta a tu vida algún día en la eternidad, verás el diseño. Verás cómo Dios hizo que todas las cosas obraran para bien.

Aun en nuestras pruebas y tentaciones, Dios está obrando para bien. ¿Te sorprendió que yo dijera que incluso Dios hace que nuestros *pecados* obren para bien? Cuando veo pecado en mi vida, lo rechazo y lo aborrezco, de modo que el pecado mismo aumenta mi anhelo de santidad. Aun cuando tropiezo en mi vida, Dios usa esos tropiezos para aumentar mi aversión por el pecado. En cuanto a la vida venidera, Dios está obrando en todos los aspectos de nuestra vida presente a fin de producir una recompensa eterna que disfrutaremos por siempre en su presencia.

No esperes que todo en la vida sea bueno. Eso no sucederá. No esperes que todo en ti sea bueno. Eso tampoco sucederá. Pero lo que sí puedes esperar es esto: Dios tejerá todas las cosas a favor de sus amados hijos para producir un buen resultado, ahora y por toda la eternidad.

DIOS LIMITA NUESTRAS TENTACIONES

> No os ha sobrevenido ninguna tentación que no sea humana; pero fiel es Dios, que no os dejará ser tentados más de lo que podéis resistir, sino que dará también juntamente con la tentación la salida, para que podáis soportar.
>
> *—1 Corintios 10:13*

La tentación es parte del ser humano. La Biblia dice que es algo común a todos. He oído a predicadores culpando de toda tentación a los demonios. Las personas dicen ser atacadas por el demonio de la ira o el demonio de la lujuria, ¡o hasta el demonio de la gripe! Pero, en realidad, la tentación no tiene que ver con los demonios. La tentación es solo un asunto de los seres humanos.

No hay que ir por la vida con horror y pavor de alguna invasión demoniaca, como si un poder sobrehumano viniera y dominara la voluntad de uno. Si eres cristiano, eres de Dios y de Cristo: "mayor es el que está en vosotros, que el que está en el mundo" (1 Jn. 4:4). Dios es más grande que el diablo. Si eres hijo de Dios, las únicas tentaciones que sufrirás son las humanas. Dios nunca va a permitir que te enfrentes a una tentación que esté más allá de tu capacidad de resistir.

Nos enfrentamos a distintas tentaciones en diferentes etapas de nuestra vida cristiana. Algunas cosas que son muy difíciles para un cristiano recién convertido, que acaba de salir del mundo, no son en realidad un problema para un creyente maduro que ha caminado con el Señor durante décadas. El creyente maduro aún enfrenta tentaciones, pero son de otro tipo, más sutiles y difíciles de reconocer. Pero el Señor nos guarda en cada etapa de nuestro viaje. Él permite que seamos tentados solo hasta donde podamos soportar en ese momento.

Se ilustra esa verdad por la forma en que Jesús protegió a sus discípulos cuando los soldados romanos fueron a apresarlo. Los soldados entraron en el huerto y se acercaron a Jesús y Él les preguntó: "¿A quién buscáis?". Ellos respondieron: "A Jesús nazareno". Les volvió a preguntar: "¿A quién buscáis?". Volvieron a responder: "A Jesús nazareno". Entonces les dijo: "Yo soy" y todos retrocedieron y cayeron a tierra.

¿Por qué pidió Jesús a los soldados que pronunciaran el nombre de quien buscaban? Él quería que reconocieran que no tenían derecho de arrestar a los discípulos. Él dijo: "si me buscáis a mí, dejad ir a estos". Él sabía que, si los discípulos hubieran sido apresados aquella noche por los romanos, su fe era tan débil que la habrían abandonado. Así que Jesús se cercioró de que no los pusieran en esa situación. Los estaba protegiendo de enfrentarse a una tentación que no eran capaces de soportar. Juan 18:9 dice que Jesús hizo eso para que se cumplieran las Escrituras: "De los que me diste, no perdí ninguno".

Dios no te va a perder a ti tampoco. Él participa personalmente en tu vida, protegiéndote de cualquier tentación que pudiera aplastarte. A veces pensamos que Dios solo cuida de nosotros de una forma muy general, estipulando que las cosas sucedan de cierta manera y entonces dejando que pasen. Pero Dios está mucho más íntimamente ligado a nuestra vida que eso, protegiéndonos en todo momento. Te enfrentarás a las tentaciones, pero estas nunca serán más que humanas y nunca serán más de lo que puedas soportar. Siempre habrá un modo de escapar para que puedas soportarlas. A menudo verás con claridad ese modo de escapar en medio de la tentación. A veces, el modo de escapar es sencillamente la senda de la resistencia, de la obediencia y de la oración pidiendo la ayuda de Dios.

LAS PRUEBAS NOS HACEN CRECER

Hermanos míos, tened por sumo gozo cuando os halléis en diversas pruebas, sabiendo que la prueba de vuestra fe produce paciencia. Mas tenga la paciencia su obra completa, para que seáis perfectos y cabales, sin que os falte cosa alguna.

—Santiago 1:2-4

Este pasaje nos presenta otra manera de pensar en las tentaciones que afrontamos. La palabra aquí traducida "pruebas" es la misma palabra traducida "tentación" en 1 Corintios 10:13 (citado anteriormente). Dios no solo nos protege de tentaciones que no podemos soportar; Él también usa esas tentaciones para ayudarnos a madurar.

A todos nos gustaría poder decir que no nos falta nada, que somos perfectos y estamos completos. Nos gustaría oír al Señor decir que no falta nada en nuestra vida. Pero solo podemos llegar a esa condición a través del dolor. No podemos ser maduros sin cultivar la paciencia y no podemos cultivar la paciencia sin pasar por situaciones difíciles que prueban nuestra fe. Por eso Santiago dice que debes tener por sumo gozo cuando te halles en diversas pruebas, cuando afrontes tentaciones y pruebas de tu fe. Eres fortalecido en esas pruebas al desarrollar resistencia espiritual.

Si quieres ser físicamente más fuerte, ¿qué haces? Te sometes a experiencias dolorosas. Vas al gimnasio y trabajas y trabajas, ya sea levantando pesas, corriendo en la pista o dedicando tiempo a caminar. Haces todo lo que puedes por fortalecer tu cuerpo, y sabes que en esto está implícito el dolor, pero has decidido que vale la pena soportar el dolor por la meta que quieres alcanzar. A fin de fortalecerte, tienes que ser capaz de soportar algún dolor y perseverar a pesar de ese dolor. Es fácil comenzar pero es difícil permanecer con él.

Lo mismo puede decirse si quieres fortalecerte espiritualmente. Nunca llegarás a madurar espiritualmente a menos que desarrolles paciencia y solo puedes desarrollar paciencia cuando perseveras en la fe a través de experiencias dolorosas. Algunos oran: "Señor, quiero ser fuerte para ti. Quiero ser valiente y audaz. Quiero crecer, llegar a la madurez, a estar completo en mi fe". Si oras de esa manera, prepárate bien, ya que la respuesta a esa oración va a ser dolorosa. La única manera de que Dios pueda responder a esa oración es probar tu fe llevándote hasta el límite, empujándote más allá de tu ámbito natural y llevándote por momentos difíciles.

Si quieres eso para tu vida, si deseas ser todo lo que Dios quiere que seas para su gloria, entonces no solo apretarás los dientes y soportarás la prueba, la tendrás como motivo de gozo, como dice Santiago. ¿Cómo puedes hacer eso? Debes mirar más allá de la prueba, más allá del dolor, a sus efectos. Mira al propósito de ese tiempo de prueba en tu vida, la meta de la madurez espiritual. Ahí está la fuente del gozo. En la medida en que te fortaleces, será menos probable que cedas ante la tentación y menos probable que titubees en tu fe. ¿Es eso lo que deseas? Si es así, bienvenidas esas pruebas que te harán más fuerte.

MORIMOS CON CRISTO PERO VIVIMOS POR FE

> Con Cristo estoy juntamente crucificado, y ya no vivo yo, mas vive Cristo en mí; y lo que ahora vivo en la carne, lo vivo en la fe del Hijo de Dios, el cual me amó y se entregó a sí mismo por mí.
>
> —*Gálatas 2:20*

Esta es una maravillosa afirmación de la propia identidad espiritual de un cristiano. Pablo comienza con esta realidad: "Con Cristo estoy juntamente crucificado". Esto mira al suceso histórico de la cruz en el que fuimos uno con Cristo al cargar Él nuestros pecados. *¿Viste tú cuando* *en la cruz murió?*, pregunta el autor del himno. Sí, estabas allí. Todos los que creemos en Jesucristo estuvimos allí en la cruz. Dios nos puso allí aunque no hubiéramos nacido. Todos los que hemos creído, sean los santos del Antiguo Testamento que esperaban al Mesías, o sus seguidores en el Nuevo Testamento y todo creyente desde aquel entonces, todos los que hemos sido perdonados, estuvimos allí con Cristo en su muerte. Participamos de su muerte. Pablo dice en Romanos 6 que fuimos sepultados con Él y fuimos resucitados con Él a novedad de vida. ¡Qué realidad tan increíble! Nuestros pecados fueron pagados porque fuimos crucificados con Cristo. Por eso no estamos bajo condenación alguna. Por eso Jesús dijo antes de morir: "Consumado es" (Jn. 19:30). Se pagó el castigo por completo. Se borró la lista de acusaciones contra nosotros. Dios escribió "cancelada" sobre nuestra deuda.

Ahora llevamos una vida nueva, levantados con Cristo en unidad con Él. Pablo dice: No soy en realidad yo el que vive; es Cristo quien vive en mí. Ese es un misterio profundo, ya que es claro que Pablo aún estaba vivo. Él dice que lleva su vida en la carne por la fe en el Hijo de Dios. ¿Qué es eso? ¿Soy yo el que vive en mi cuerpo o es Cristo?

Esta es una de esas paradojas de la fe cristiana que a menudo la gente me pide que le explique. Me dicen: "John, ¿puede explicarme la soberanía de Dios y la elección humana? ¿Puede explicar la elección y el libre albedrío?". No, no puedo. Solo puedo decirte que ambos están en la Biblia. No entiendo cómo Dios armoniza en su mente que si soy salvo, es por la obra de Dios, pero si lo rechazo, es por mi manera de actuar. Eso está fuera de mi alcance, lo que me hace confiar más en que los hombres no escribieron la Biblia. Los editores y escritores humanos habrían arreglado cosas como esas para que parecieran más lógicas, pero Dios las presentó de tal manera que nos dejó maravillándonos de cuán superior es su sabiduría a la nuestra.

Si te preguntara quién escribió Gálatas, ¿qué dirías? ¿Fue Pablo o el Espíritu Santo? Fue por completo Pablo y fue por completo el Espíritu Santo. ¿Cómo puede ser eso? Si te preguntara si Jesús era Dios o era hombre, ¿qué dirías? Sabes que Él era plenamente Dios y plenamente hombre. ¿Cómo se pueden ser las dos cosas al mismo tiempo? Es algo que no podemos comprender.

Así que si te preguntara quién vive tu vida cristiana, ¿qué dirías? Pudieras decir: "Yo la vivo. Yo pongo mi cuerpo en sujeción. Yo obedezco la Palabra de Dios". Tendrías razón. Pero también pudieras decir: "Tengo que ceder yo y dejar obrar a Dios. Tengo que dejar que Cristo viva su vida a través de mí. El Espíritu Santo fluye a través de mí". También tendrías razón. En cada doctrina fundamental relacionada con la obra salvadora de Dios, hay dos verdades que deben mantenerse unidas. No podemos armonizarlo todo. Sencillamente declaramos las dos verdades y confirmamos ambas.

Pablo nos dice que ese es el gran misterio de la vida cristiana. He sido crucificado con Cristo. Ya no vivo yo. Cristo vive en mí. Pero al mismo tiempo vivo en este momento en este cuerpo carnal por la fe en Él. Eso exige todo de nosotros, pero todo es de Él. Exige toda la disciplina, obediencia y fe que podamos reunir para llevar la vida cristiana y aun cuando todo está dicho y hecho, es el propio Cristo quien está viviendo en mí, Aquel que me amó.

CRISTO HA VENCIDO AL MUNDO

> Estas cosas os he hablado para que en mí tengáis paz. En el mundo tendréis aflicción; pero confiad, yo he vencido al mundo.
>
> —*Juan 16:33*

Jesús dijo esas palabras en el aposento alto la noche que fue traicionado. Fue la conclusión del largo discurso de despedida que comienza: "No se turbe vuestro corazón" (Jn. 14:1). Jesús les dijo a sus discípulos que Él se iba. Les dijo que se sentirían temerosos y preocupados, que serían perseguidos, que serían esparcidos y abandonarían a Jesús. Pero durante todo su discurso hizo promesas de que no los abandonaría. Su amor continuaría. Les daría el Espíritu Santo para que los animara como lo había hecho Jesús. Prometió responder a sus oraciones.

Al final del discurso, Él dijo: "El propósito de todo lo que les he dicho es que tengan paz en el corazón. No tienen por qué estar ansiosos. No quiero decir que no tendrán problemas. Ya les he advertido de persecuciones. En este mundo *tendrán* problemas". La palabra griega tiene una raíz que significa "presión". Estarás bajó presión, oprimido por los problemas de esta vida. Pero en medio de eso, anímate, ya que, al fin y al cabo, Él ha vencido al mundo.

Ya la batalla se ha decidido, dice Jesucristo. No hay nada que el mundo pueda hacerte que pueda finalmente derrotarte, ya que he ganado una absoluta victoria sobre el pecado y la muerte. Estoy a punto de terminar esa obra en la cruz. El mundo, las fuerzas que se oponen a Dios, seguirán causándote problemas pero no pueden derrotarte porque ya yo vencí. Su ataque contra ti no puede dañarte porque todo el sistema del mundo opuesto a Dios ha sido aplastado. Yo he vencido al mundo. Mientras permanezcas en este mundo, tendrás problemas. Pero cuando permaneces en mí, tendrás paz.

CAPÍTULO 4

LO QUE OCURRIÓ *en la* CRUZ

EN EL CORAZÓN DE LA FE CRISTIANA se halla un acontecimiento. Fue un suceso real en la historia, un suceso único que no puede repetirse. Fue la muerte del Hijo de Dios en la cruz.

La cruz está en el centro del mensaje del Nuevo Testamento. La mayoría de las personas conocen de modo general la historia de cómo Jesús murió. La reciente película, *La pasión de Cristo,* volvió a contar esa historia de una manera dramática aunque violenta, que dejó a millones de personas conmovidas ante la profundidad del sufrimiento de Jesús. Muchos saben que Jesús murió, pero no comprenden *por qué* murió.

Los teólogos han escrito largos tratados acerca de lo que Dios hizo en la cruz, lo que ellos llaman *las teorías de la expiación*. No hay que especular con todas esas teorías para entender lo que la cruz significa para ti. Algunos versículos clave darán la suficiente claridad al asunto.

HERIDO POR DIOS

> Ciertamente llevó él nuestras enfermedades, y sufrió nuestros dolores; y nosotros le tuvimos por azotado, por herido de Dios y abatido. Mas él herido fue por nuestras rebeliones, molido por nuestros pecados; el castigo de nuestra paz fue sobre él, y por su llaga fuimos nosotros curados. Todos nosotros nos descarriamos como ovejas, cada cual se apartó por su camino; mas Jehová cargó en él el pecado de todos nosotros.
>
> —*Isaías 53:4-6*

En la cruz Jesús no estaba sufriendo por sus propios pecados. Él fue afligido por *nuestro* pecado. Fue abatido por *nuestras* transgresiones. Fue herido por *nuestras* rebeliones. Molido por *nuestros* pecados. El profeta Isaías puso eso en claro siglos antes de que Jesús muriera.

¿Quién mató a Jesús? La gente sigue debatiendo si fueron más culpables los judíos o los romanos. Otros dicen que todos somos culpables, ya que Él murió por nuestros pecados. Pero Isaías dice algo estremecedor: que Jesucristo fue azotado, herido y abatido por *Dios*. Fue Dios quien puso todos nuestros pecados sobre Jesucristo.

¿Por qué Dios? Porque Dios es el juez del mundo entero. Solo Él tiene la sabiduría para determinar el castigo apropiado para nuestro pecado y Dios dio ese castigo a su Hijo. Dios fue literalmente el verdugo de su propio Hijo. Eso no quiere decir que Dios sea un Padre cruel y sádico;

significa que es un Padre compasivo y misericordioso que hizo todo lo que pudo por perdonarnos nuestro pecado. Ningún sacrificio habría sido suficiente para el pecado del mundo entero. Ningún sacrificio habría sido moralmente perfecto, un Cordero sin mancha. Para que Dios pudiera llevar a cabo su justo juicio sobre nuestro pecado y también perdonarnos, se convirtió en un sacrificio humano perfecto. El Padre envió a su único Hijo para que muriera en nuestro lugar.

La única manera de tener paz con Dios era que Jesucristo fuera castigado por Dios, aunque era inocente. Por sus azotes, esas heridas provocadas por la flagelación, somos sanados espiritualmente. Gracias a que Él sufrió, somos justificados ante Dios. Isaías dice que todos necesitábamos ser justificados ante Dios. Todos éramos como ovejas errabundas que se habían descarriado. Todos habíamos seguido nuestra propia senda de pecado, pero el Señor tomó toda nuestra iniquidad y la puso sobre Jesucristo. Esa es la asombrosa realidad de lo que Jesucristo, el Hijo de Dios, hizo como sustituto por los pecadores. El inmaculado se ofreció a sí mismo por los pecadores. Todos hemos pecado pero para cada uno de nosotros que confía en Jesucristo ya ha sido pagado ese pecado.

Cuando ponemos la confianza en Cristo, su muerte se aplica a nosotros. Nuestros pecados son cubiertos para siempre y recibimos su justicia como un regalo. Esa gran verdad hace que nos regocijemos plenamente, ya que lo que Dios hizo en la cruz nos salva de la condenación eterna y nos da eterna paz con Dios.

MURIÓ POR LOS IMPÍOS

> Porque Cristo, cuando aún éramos débiles, a su tiempo murió por los impíos. Ciertamente, apenas morirá alguno por un justo; con todo, pudiera ser que alguno osara morir por el bueno. Mas Dios muestra su amor para con nosotros, en que siendo aún pecadores, Cristo murió por nosotros.
>
> —*Romanos 5:6-8*

Pablo concentra nuestra atención en una verdad convincente: Cristo no murió por nosotros porque fuéramos piadosos. Él no murió por los religiosos ni por los morales ni por los buenos. Murió por nosotros, los impíos, aunque todavía éramos pecadores.

Es ya muy raro que las personas mueran por otras personas. A veces leemos acerca de alguien que da la vida en una guerra o en un desastre para salvar a otra persona. Pablo reconoce que en raras oportunidades pudiera alguien morir por una persona justa, alguien que merecía ser salvo. Sería una persona muy notable que dio su vida por salvar a una buena persona. ¿Pero has oído alguna vez de alguien dispuesto a morir por un malvado? ¿Moriría alguien por un hombre miserable, malvado y ruin? Solo Jesucristo lo haría.

Ese es el verdadero amor, el amor del que la Biblia nos habla. Es la clase de amor que hizo que Cristo muriera por los peores, no por los mejores. Esa es la maravilla del amor de Dios. Su asombroso amor hacia nosotros se muestra en que Cristo murió por nosotros aunque todavía éramos pecadores. El amor de Dios no tuvo nada que ver con nuestro atractivo o dignidad. Solo tuvo que ver con el carácter de Dios, el hecho de que Dios *es* amor.

Cristo no murió por nosotros porque fuéramos dignos o encantadores o piadosos. Pablo dice que estábamos sin fuerzas, indefensos e incapaces de salvarnos a nosotros mismos. No había nada que admirar en nosotros, pero Dios nos amó. Cristo murió por nosotros *porque* éramos indignos e indefensos. No se puede expresar el evangelio de una forma más directa que esa: Cristo murió por los impíos, no por los justos. Lo hizo porque nos ama, no por ninguna otra razón. Un amor que no merecíamos produjo un sacrificio que no merecíamos. Pero eso es lo que hace la gracia.

Ese amor, ese sacrificio, produce gratitud en nuestra vida. Espero que sientas gran gratitud todos los días, sin olvidar jamás cuán indigno es del amor de Dios en Jesucristo. No hemos hecho nada para merecer su misericordia. No tenemos ningún atributo deseable para atraer su amor. Aunque estábamos indefensos y éramos impíos, aunque estábamos en rebelión contra Él, Dios mostró su amor por nosotros al enviar a Cristo a que muriera en nuestro lugar.

SE HIZO PECADO POR NOSOTROS

> Al que no conoció pecado, por nosotros lo hizo pecado, para que nosotros fuésemos hechos justicia de Dios en él.
>
> —*2 Corintios 5:21*

Este versículo tiene solo quince palabras en el original griego, pero esas quince palabras expresan la doctrina de la sustitución como ningún otro versículo en la Biblia. Ese concepto de la sustitución está en el corazón del evangelio. ¿Quién fue el que no conoció pecado? Solo hubo una persona que viviera sin pecado y esa fue Jesús. Dios hizo que Jesucristo, quien nunca pecó, se hiciera pecado por nosotros.

¿Qué significa que Dios hizo que Cristo se hiciera pecado? Algunos enseñan que, en realidad, Jesucristo se convirtió en un pecador en la cruz y por lo tanto fue castigado en la cruz. Algunos incluso enseñan que Jesús tuvo que ir al infierno durante tres días para pagar por esos pecados y después de pagar por sus pecados, se le permitió que resucitara de los muertos. Nada de eso es verdad.

En la cruz, Jesucristo tenía que ser el Cordero sin mancha, el sacrificio perfecto. En la cruz seguía siendo sin defecto. Él fue santo en la eternidad antes que fuera humano, luego vivió una vida santa y sigue siendo santo en la eternidad. Para seguir siendo plenamente Dios y plenamente humano, Cristo tenía que permanecer santo, sin defecto y separado de los pecadores. ¡Él es el único que no conoció pecado, y basta! No es simplemente uno que no conoció pecado hasta la cruz.

Cuando la Biblia dice que Cristo se hizo pecado significa solo en cierto sentido; que Dios lo trató como si fuera un pecador, aunque no lo era. Permíteme ser más específico. En la cruz, Dios trató a Jesús como si Él hubiera personalmente cometido cada pecado de cada persona que creería en Él, aunque, en realidad, no había cometido ninguno. Eso es lo que significa la sustitución. Jesucristo, como nuestro sustituto, llevó nuestro castigo. Como ya nos mostró Isaías 53, Dios puso el castigo por nuestros pecados sobre Él, aunque Él era el Hijo de Dios sin pecado.

El resto del versículo nos dice la razón por la que Cristo fue hecho pecado por nosotros. Lo fue para que pudiéramos ser justicia de Dios en Él. Ese es el otro aspecto de la sustitución. Dios trató a Jesucristo como si fuera un pecador para podernos tratar como si fuéramos justos.

¿Te has preguntado alguna vez por qué Jesús tenía que venir al mundo y vivir treinta y tres años cuando casi no tenemos información alguna de sus primeros treinta años? ¿Por qué tuvo que molestarse con esos treinta años? Si yo hubiera sido Dios, podría haber dicho: "Hijo, necesito que bajes y mueras por los pecados de todos los que han de creer. Solamente llevará un fin de semana. Bajas el viernes para que seas crucificado, sales del sepulcro el domingo y puedes volver". Si su único propósito era la muerte y resurrección, ¿para qué los primeros treinta años?

He aquí la respuesta: Jesús dijo, cuando iba a ser bautizado por Juan, que debía cumplir toda justicia. Él estuvo haciendo eso durante toda su vida, llevando una vida plenamente justa. Hebreos 4:15 dice que Él fue tentado en todo como lo somos nosotros, pero sin pecado. Fue tentado como niño, como joven y como adulto, pero no pecó.

¿Por qué tuvo que llevar esa vida sin pecado? Para que su vida sin pecado se acreditara en nuestra cuenta. Esa es la doctrina de la sustitución: que la vida sin pecado de

Jesucristo pudiera serte entregada o "imputada". En la cruz, Dios trató a Jesús como si Él viviera tu vida, de modo que Dios pueda tratarte como si vivieras la vida de Jesucristo. Ese es el meollo del evangelio.

NOS PERDONÓ TODOS LOS PECADOS

> Y a vosotros, estando muertos en pecados y en la incircuncisión de vuestra carne, os dio vida juntamente con él, perdonándoos todos los pecados, anulando el acta de los decretos que había contra nosotros, que nos era contraria, quitándola de en medio y clavándola en la cruz.
>
> —*Colosenses 2:13-14*

Estos versículos presentan una imagen muy vívida, aun cuando el idioma es difícil de entender. Pablo usa conceptos legales del mundo antiguo. Cuando se crucificaba a una persona, se clavaban en la cruz la lista de sus delitos para que todos supieran la razón por la que se le castigaba. Cuando Jesús fue crucificado, los soldados clavaron una señal en la cruz que decía: "JESÚS NAZARENO, REY DE LOS JUDÍOS" La acusación contra Jesús fue que Él era un rey, un rebelde contra el emperador romano y una ofensa a los judíos que estaban buscando un tipo diferente de rey. Este fue el delito por el que se le llevó a la muerte.

Pablo toma esa metáfora de la acusación y dice que la lista de acusaciones contra nosotros también fue clavada en la cruz. Todas las leyes que habíamos quebrantado, todos los requisitos que habíamos dejado de cumplir que estaban ahora "contra nosotros", fueron clavados por Dios en la cruz. Se puso allí la lista de nuestros pecados, pero no tuvimos que morir por ellos. Jesús murió por ellos en nuestro lugar.

Pablo dice que, antes de eso, estábamos espiritualmente muertos en nuestros pecados. Estábamos en la "incircuncisión", impuros y apartados del pueblo de Dios. Pero ahora todo eso ha cambiado. Se nos han perdonado todos nuestros pecados, porque Jesucristo pagó el castigo por ellos en la cruz. Ya no estamos muertos; hemos recibido vida con Cristo, porque se ha cumplido la pena de muerte bajo la cual estábamos.

Se han retirado todas las acusaciones contra nosotros, ya que el castigo se ha cumplido. Se nos ha declarado inocentes, no porque lo merezcamos, sino porque todas nuestras ofensas contra Dios se han puesto sobre Jesucristo, quien satisface a Dios, el juez justo. Nunca podemos agradecerle o alabarlo de modo suficiente por morir a fin de darnos vida.

NOS RESCATÓ CON SU SANGRE

> sabiendo que fuisteis rescatados de vuestra vana manera de vivir, la cual recibisteis de vuestros padres, no con cosas corruptibles, como oro o plata, sino con la sangre preciosa de Cristo, como de un cordero sin mancha y sin contaminación.
>
> *—1 Pedro 1:18-19*

Cantamos que somos "redimidos por la sangre del Cordero". Esos son conceptos grandiosos que son difíciles de entender para muchas personas del siglo XXI. Pero son imprescindibles para el significado de lo que ocurrió en la cruz.

La redención era un término técnico para el dinero que se pagaba para rescatar a un prisionero de guerra. Eso es lo que Dios hizo por nosotros cuando Jesucristo murió por nosotros. Pedro dice que teníamos que ser liberados de la vida inútil y sin rumbo heredada por tradición de nuestros padres, viviendo a la manera del mundo. Estábamos atrapados en ese corrupto sistema del mundo, en la lucha por la supervivencia, viviendo como por inercia, sin vivir de la manera que deseaba Dios. Necesitábamos ser rescatados de esa vieja manera de vivir, ya que a la larga lleva a la muerte y al juicio de Dios.

Pero ¿cómo podíamos ser redimidos? Nada en este mundo podía comprar nuestra libertad; ni oro, ni plata, ni nada terrenal. Solo una cosa podía redimirnos. Pedro dice que fue la sangre preciosa de Cristo.

La única manera de que fuéramos libres de nuestra vieja manera de vivir y de sus consecuencias era que se hallara un sacrificio, un sustituto aceptable a Dios. A lo largo del Antiguo Testamento, los israelitas sacrificaron corderos y otros animales en el templo como ofrendas por el pecado, para quitar el pecado del pueblo. Todo ese sistema anunciaba la venida del Señor Jesucristo, que sería el Cordero supremo. Él sería el sacrificio final y perfecto, el Cordero sin mancha y sin contaminación.

Una generación después de la muerte de Jesús, la ciudad de Jerusalén y el templo fueron destruidos por los romanos, tal como había predicho Jesús. Con la destrucción del templo en el año 70 d.C., terminó todo el sistema expiatorio. Desde aquel día hasta hoy no ha habido nunca un templo y no ha habido nunca un lugar para ofrecer sacrificios. No es necesario ninguno. Jesucristo fue el sacrificio supremo. Él pagó, de una vez por todas, por los pecados de todas las personas que creerían. Él pagó el precio para redimirnos, para darnos libertad, con su propia sangre.

Ahora conoces y puedes anunciar, el *porqué* de la cruz.

CAPÍTULO 5

ACEPTACIÓN *de la* SALVACIÓN *de* DIOS

EN EL CORAZÓN DE LA BIBLIA, en algunos de nuestros versículos favoritos, está la verdad de que Dios quiere que aceptemos el don de la salvación. No basta con creer, como vimos en el capítulo 3, que Dios es soberano sobre todas las cosas. Esa sería una idea atemorizante si también no creyéramos que el deseo del Dios Todopoderoso es salvarnos, no vernos destruidos. No basta con saber lo que ocurrió en la cruz. Es posible saber que Dios pagó un precio por nuestra salvación y aun así rechazar el regalo. La Biblia dice que debemos creer en Aquel que murió por nosotros, aceptando por fe el don de la salvación, confesando nuestra fe delante de los demás y rindiéndonos a Cristo como Señor.

CÓMO ESCAPAR DE LA PERDICIÓN

Porque de tal manera amó Dios al mundo, que ha dado a su Hijo unigénito, para que todo aquel que en él cree, no se pierda, mas tenga

> vida eterna. Porque no envió Dios a su Hijo al mundo para condenar al mundo, sino para que el mundo sea salvo por él.
>
> —*Juan 3:16-17*

Este pudiera ser uno de los primeros versículos que hayas memorizado. ¡Qué verdad tan maravillosa! Dios quiere que sepamos que hay una manera de escapar de la perdición. A fin de entender la razón de por qué Dios dio a su Hijo, hay que entender la clase de mundo al que lo envió. Era un mundo donde la gente se perdía. Dios no envió a su Hijo para condenar al mundo, ya que el mundo ya estaba condenado. Él envió a su Hijo para salvar a las personas de la perdición.

Esa palabra "perderse" salta ante nuestra vista. Quiere decir algo más que morir físicamente. Tiene la connotación de destrucción eterna y castigo divino; en una palabra, el infierno. Jesús habló más del infierno que del cielo. Él habló acerca de un fuego que nunca se apaga, de un lugar donde el gusano nunca muere, donde las personas crujen los dientes, se lamentan y lloran, donde hay absoluta oscuridad. Eso es lo que quiere decir perderse.

Pero de tal manera amó Dios al mundo que envió a su Hijo para que no nos perdiéramos. Podemos tener vida eterna. No es el tipo de vida que tenemos ahora, continuando por siempre. Ninguno de nosotros pudiera soportar eso; sería un tipo de infierno. La vida eterna es un tipo de vida diferente. No es simplemente un cambio en la cantidad de vida, sino en la calidad de vida. Se nos dará el tipo de vida de Dios. Participamos en la dicha de inmortalidad divina, en la mismísima vida que es de Dios mismo. Dios nos da su propia vida que existe eternamente en el Padre, el Hijo y el Espíritu Santo. Nos rescata de la perdición y nos da vida eterna.

¿Quién recibe esa vida? Todo el que cree en el Hijo unigénito de Dios. Jesús dice que no echará fuera a quienes acuden a Él (Jn. 6:37). Todo el que crea en Él será salvo. ¿Qué significa creer en Él? Eso no quiere decir simplemente creer que una persona llamada Jesús vivió una vez en la historia. Quiere decir creer que Jesucristo es quien dijo que era. Creer en Cristo significa creer en el verdadero Jesús:

el Jesucristo que es Dios encarnado,
el Jesucristo que nació de una virgen,
el Jesucristo que vivió una vida sin pecado,
el Jesucristo que murió una muerte expiatoria en la cruz,
el Jesucristo que resucitó de los muertos,
el Jesucristo que ascendió al cielo,
el Jesucristo que ahora intercede a la diestra del Padre como nuestro gran sumo sacerdote,
el Jesucristo que ha sido declarado Señor por Dios mismo,
el Jesucristo que vendrá algún día para reunir a los suyos con Él y establecer su reino eterno.

Creer en *ese* Jesucristo es la única manera de escapar de la perdición. Pablo advirtió que otros pudieran venir predicando a otro Cristo (2 Co. 11:4) y que quienes predicaran otro evangelio debían ser malditos (Gá. 1:8). Pero los que creen en el verdadero Jesucristo *no* son condenados. Se les rescata de la perdición con el amor de Dios.

CÓMO SER SALVO

> que si confesares con tu boca que Jesús es el Señor, y creyeres en tu corazón que Dios le levantó de los muertos, serás salvo. Porque con el corazón se cree para justicia, pero con la boca se confiesa para salvación.
>
> —*Romanos 10:9-10*

Esta parte crucial de la Biblia expresa las dos cosas que debes hacer para ser salvo. ¿Hay algo que pudiera ser más importante?

Lo primero que debes hacer es confesar con tu boca a Jesucristo como Señor. Eso significa más que reconocer que Jesús es *el* Señor, más que decir que Jesucristo es Dios. Después de todo, Santiago 2:19 dice que hasta los demonios saben que Dios es el soberano del universo, pero ese conocimiento no los salva.

Confesar a Jesucristo como Señor quiere decir que Cristo es *tu* Señor, *tu* Soberano. Hacer esa confesión significa expresar en voz alta delante de los demás tu profunda convicción personal, sin reservas, de que Jesucristo es tu dueño y el soberano de tu vida.

Jesús dijo: "Si alguno quiere venir en pos de mí, niéguese a sí mismo" (Lc. 9:23). Esa es una afirmación asombrosa, considerando el modo en que las personas piensan acerca de la función de Jesucristo en su vida hoy. El evangelio no es acerca de la realización personal, como muchos suponen. Es acerca de la abnegación. Nadie puede confesar a Jesucristo como Señor y decir: "Muy bien, Jesucristo, voy a dejarte entrar en mi vida y quiero que me hagas una persona de éxito y que mejores mi matrimonio y reduzcas mi falta de habilidad en el golf". El evangelio no es acerca de Jesucristo que viene a tu vida y te da lo que deseas. Es acerca de ir ante Jesucristo y decirle: "Dios, ten misericordia de mí, pecador. Sálvame". Es decir: "Jesucristo, te reconozco como mi Soberano, Maestro y Señor. Me aparto de mis propios deseos y mi propia necesidad de controlar mi vida. Me someto a todo lo que quieras para mí".

El joven rico no haría eso (Lc. 18:18-27). Jesús le dijo que hiciera una cosa: Vende todo lo que tienes y dalo a los pobres y luego sígueme. Una persona no se salva por deshacerse de su dinero. Lo que Jesús quería era probar el compromiso del hombre con Jesús como su Señor. Él le pudo haber pedido que hiciera centenares de cosas distintas, pero Jesús escogió algo que Él sabía que probaría su disposición a negarse a sí mismo. El joven rico no pudo someterse al gobierno de Cristo sobre él. No pudo confesar de esa manera que Jesucristo era el Señor de su vida. Se fue triste y sin la salvación.

Lo segundo que debes hacer para ser salvo es creer en tu corazón que Dios resucitó a Jesucristo de los muertos. Creer en la resurrección quiere decir que también crees que Jesucristo murió en la cruz y resucitó de los muertos como la señal de que, en realidad, es el Mesías, levantado finalmente a la más elevada posición para gobernar con el Padre. Dios el Padre puso el sello de aprobación divina sobre la perfecta obra de Jesucristo, su vida sin pecado y su muerte expiatoria, cuando lo resucitó de los muertos. La resurrección fue la validación suprema de su ministerio y de su identidad.

Serás salvo solo cuando hayas reconocido a Jesucristo como tu Señor y hayas creído que su muerte en la cruz fue el sacrificio eficaz por tu pecado, validado por su gloriosa resurrección. Crees con tu corazón y eres justificado ante Dios; confiesas con tu boca y confirmas esa realidad.

SALVOS POR GRACIA

> Porque por gracia sois salvos por medio de la fe; y esto no de vosotros, pues es don de Dios; no por obras, para que nadie se gloríe.
>
> —*Efesios 2:8-9*

Estos versículos aclaran la obra de salvación: todo es obra de Dios, y no de nosotros. Somos salvos por la gracia de Dios por medio de la fe. Todo es don de Dios. No somos salvos por medio de nuestras buenas obras, así que no tenemos razón para ufanarnos, como si ser cristiano fuera una proeza. La única manera de salvarse es por gracia, que es el favor inmerecido de Dios. Si lo mereciéramos, no sería gracia. No somos salvos porque hemos sido buenos, porque hemos hecho cosas buenas, o hemos ganado la salvación de alguna otra manera.

La Biblia es clara al decir que no podemos ganar la salvación. Pablo escribió en Romanos 3:20: "por las obras de la ley ningún ser humano será justificado delante de él". Escribió en Gálatas 3:10 que quienes dependen de las buenas obras para ser salvos están bajo maldición, ya que todo el que quebranta la ley de Dios está bajo maldición y ninguno de nosotros puede guardar esa ley. Todos estamos justificadamente condenados al castigo eterno, a menos que Dios intervenga por gracia. Eso es precisamente lo que Dios ha hecho.

Dios nos trae salvación por gracia y nuestra respuesta es la fe. Pero ni siquiera nuestra fe viene de nosotros mismos. "No es de vosotros" se refiere no solo a la gracia, sino también a la fe. Tenemos que creer para ser salvos, pero como estamos muertos en pecado no podemos creer. El hombre natural no puede entender las verdades espirituales (1 Co. 2:14), así que no puede creer. El dios de este siglo (el diablo) les ha cegado el entendimiento a los incrédulos para que la luz del evangelio no pueda brillar sobre ellos (2 Co. 4:4). Así que esa era nuestra condición antes de ser salvos; en las tinieblas, muertos en nuestros pecados, ciegos a la verdad, sin esperanza y sin Dios (Ef. 2:12). Estamos indefensos, incapaces de generar fe a partir de nuestro seco corazón.

Dios tiene que dar vida a nuestro seco corazón. Dios tiene que dar vista a nuestros ojos ciegos. Dios tiene que dar entendimiento a nuestras mentes entenebrecidas. Por lo tanto, toda la obra de salvación es un milagro de Dios. Creemos el evangelio y recibimos al Señor Jesucristo por fe, pero es Dios quien nos da el deseo, la capacidad y el entendimiento para hacer eso. Ninguno de nosotros puede gloriarse acerca de su fe ni de su salvación, ya que es todo debido a la gracia de Dios de principio a fin.

BUENAS NOTICIAS PARA LOS CARGADOS

> Venid a mí todos los que estáis trabajados y cargados, y yo os haré descansar. Llevad mi yugo sobre vosotros, y aprended de mí, que soy manso y humilde de corazón; y hallaréis descanso para vuestras almas; porque mi yugo es fácil, y ligera mi carga.
>
> —*Mateo 11:28-30*

Esas palabras de Jesús fueron una maravillosa noticia para el pueblo que las oyó. Estaban afanándose bajo una pesada carga. Era la carga de tratar de ganar su salvación al cumplir la ley y todas las ordenanzas y tradiciones que se habían desarrollado en el judaísmo de ese tiempo. Jesús dijo en Mateo 23:4 que los maestros de la ley y los fariseos ponían pesadas cargas sobre las personas, pero nunca levantaban un dedo para ayudar a cargarlas. Tratar de ser lo suficientemente buenos para llegar a ser justificados ante Dios es una pesada carga que nadie puede llevar. Pero aún en la actualidad, hay muchos por el mundo afanándose bajo esa carga. Todo sistema de salvación por obras es un sistema imposible, ya que la Biblia dice que nadie puede ser justificado por las obras de la ley (Ro. 3:20) y puedes ser salvo solo por la gracia, no por las obras.

Pudiera haber muchas religiones en el mundo, pero solo hay dos sistemas de salvación. Está la verdad del evangelio: que la salvación viene aparte de las obras como el don de Dios por gracia mediante la fe. Luego están todos los demás sistemas, se llamen como se llamen, que dicen que puedes ganar tu camino al cielo por ceremonias religiosas, por obras morales o por buenas obras. Eso es una mentira del diablo, para hacernos confiar en nosotros mismos y no en Dios. Ese es el engaño bajo el cual se afana la mayor parte del mundo y es una carga pesada. Una religión de obras puede proporcionar ausencia de paz y descanso, porque nadie es perfecto. Nadie puede levantarse sobre su naturaleza caída.

Pero Jesús vino y dijo: "Vengan a mí, todos ustedes que se están afanando bajo la inmensa carga de tratar de ganar su salvación y yo les daré descanso. En lugar de este yugo de la ley y la tradición que ha sido puesto sobre ustedes como un áspero yugo de madera que le ponen al buey para tirar de una carreta extremadamente pesada, tomen mi yugo. Yo soy humilde. Yo soy de manso corazón. Yo les daré descanso, porque mi yugo es fácil, y ligera mi carga".

Esa es la maravillosa promesa de salvación por gracia mediante la fe. La salvación es sin ningún esfuerzo de nuestra parte, ya que el gran esfuerzo lo hizo Jesucristo en su muerte y su resurrección. Puesto que Él ya ha logrado nuestra salvación, ahora tenemos reposo; reposo porque no tenemos que estar tratando de ganar la salvación por nuestras propias obras.

UN HIMNO DE SALVACIÓN

E indiscutiblemente, grande es el misterio de la piedad:

Dios fue manifestado en carne,
Justificado en el Espíritu,
Visto de los ángeles,
Predicado a los gentiles,
Creído en el mundo,
Recibido arriba en gloria.

—*1 Timoteo 3:16*

Este versículo es parte de un antiguo himno de la iglesia, un hecho que es evidente por su uniformidad, ritmo y paralelismo en griego. Sus siete versos forman un conciso resumen del evangelio. El misterio de la piedad es el secreto de la naturaleza y el plan de Dios que estuvo oculto por muchos siglos y ahora se había manifestado en Jesucristo. Cuando Pablo hablaba del misterio, siempre se refería a alguna gran verdad que estuvo oculta en el Antiguo Testamento, pero que ahora se esclarecía. El más grande de todos los misterios era el misterio de Dios hecho carne, el misterio de Jesucristo mismo, la realidad gloriosa de la Encarnación.

La Encarnación viene a ser el tema de este himno. Dios se manifestó en la carne mediante el milagro del nacimiento virginal. La frase "justificado en el Espíritu" no se refiere en realidad al Espíritu Santo, sino que significa más bien que Jesús fue justo en su espíritu, en su ser interior. Cuando Dios se hizo hombre, Él era plenamente justo, plenamente santo. "Visto de los ángeles" significa que todos los ángeles —ángeles santos y ángeles caídos— reconocieron a Jesucristo en su encarnación. Los santos ángeles cantaron en su nacimiento y le sirvieron después de su tentación. Los ángeles caídos (demonios) reconocieron a Jesucristo como el Santo de Dios, aunque le temían y decían: "¿qué tienes con nosotros, Jesús nazareno?" (Mr. 1:24).

Jesucristo fue "predicado a los gentiles"; o con más precisión "a las naciones". Los apóstoles tomaron el glorioso mensaje de Jesucristo y comenzaron a difundirlo hasta lo último de la tierra como les había ordenado. Él fue "creído en el mundo". Hubo muchos que creyeron. Después de la resurrección apareció a quinientos en Galilea. Cuando apareció en el aposento alto en Judea, había allí ciento veinte creyentes. El día de Pentecostés más de tres mil personas de todo el mundo creyeron en Él. Pronto hubo miles y miles más y ahora el evangelio se ha difundido en todas partes del mundo.

Finalmente, el himno dice: "Recibido arriba en gloria". El mensaje del evangelio está incompleto sin decir que Jesucristo ascendió a la más elevada posición y fue recibido en gloria en el cielo, donde ahora se sienta a la diestra del Padre.

TRES FASES DE LA SALVACIÓN

> estando persuadido de esto, que el que comenzó en vosotros la buena obra, la perfeccionará hasta el día de Jesucristo.
>
> —*Filipenses 1:6*

La obra que Dios ha comenzado en ti es la obra de salvación. Cuando Dios comienza esa obra en una persona, la termina. Pablo dijo una vez algo sorprendente acerca de la salvación: "ahora está más cerca de nosotros nuestra salvación que cuando creímos" (Ro. 13:11). ¿Cómo puede ser eso? ¿No recibimos nuestra salvación cuando creímos? Sí, la recibimos pero Pablo está hablando de la plenitud de nuestra salvación cuando Jesucristo venga y seamos transformados.

Para el cristiano hay tres fases de la salvación. Parte está en el pasado, cuando Jesucristo murió en la cruz y posteriormente creíste en Él. Otra parte está en el presente, cuando el Espíritu sigue obrando en tu vida para transformarte y liberarte del pecado. Y una tercera parte está en el futuro, cuando esperamos ser transformados por completo y disfrutar de vida eterna en el cielo. La primera fase es la justificación, que ocurre cuando te arrepientes y pones la fe en Cristo y eres justificado ante Dios. La segunda fase es la santificación, cuando poco a poco nos apartamos del pecado. La tercera fase es la glorificación, que ocurrirá cuando dejemos este mundo y entremos en el cielo y seamos liberados de la antigua carne caída y sus influencias. Al llegar a ese punto seremos libres por completo de la realidad del pecado y podremos entrar en la plena perfección y absoluta santidad de la vida eterna.

Como cristiano, ya has sido justificado y perdonado. Estás en el proceso de ser santificado y progresivamente eres apartado del pecado por la obra del Espíritu Santo mediante la Palabra. Un día serás glorificado, hecho como

Jesucristo, tanto como la humanidad glorificada puede ser como la deidad encarnada. Damos gracias por el don de la salvación que ya hemos recibido, pero nos regocijamos al saber que Dios solo ha comenzado a transformarnos y Él terminará lo que comenzó.

Oramos con las palabras del himno de Charles Wesley:

Terminada la jornada,
haznos, Dios, sin mancha ser.
Haznos ver, ya restaurada,
tu obra por tu gran poder.
Nos cambias de gloria en gloria
hacia el cielo en nuestro andar.
Ante ti nos rendiremos.
¡Tu amor hemos de ensalzar!

CAPÍTULO 6

MÁS *de lo* QUE MERECEMOS

EL CORAZÓN DE LA BIBLIA REVELA el corazón mismo de Dios. De todas las cosas asombrosas que descubrimos acerca de Dios en el Antiguo y el Nuevo Testamento, lo más asombroso es esto: que el corazón de Dios está lleno de amor y misericordia. No es, en realidad, lo que esperamos y no es lo que merecemos. Sabemos que somos culpables, así que albergamos profundas sospechas de que Dios quiera castigarnos. Pero la verdad que la Biblia revela es que Dios quiere perdonarnos si nos arrepentimos.

Cuando Moisés pidió ver el rostro de Dios —conocer el carácter de Dios íntimamente—, Dios estuvo de acuerdo en mostrarle a Moisés la espalda, por decirlo así, dándole una visión indirecta de su gloria. Cuando Dios pasó, así es como se identificó: "¡Jehová! ¡Jehová! fuerte, misericordioso y piadoso; tardo para la ira, y grande en misericordia y verdad" (Éx. 34:6).

Jesús enseñó y demostró que Dios es el Padre misericordioso y piadoso que recibe a los pecadores. Como hemos visto en el capítulo 4, mostró su amor en que, aunque todavía éramos pecadores, Cristo murió por nosotros. Ese amor perdonador es tan esencial en el carácter de Dios que Juan puede decir: "Dios es amor" (1 Jn. 4:8). Sin que importe cuánto tiempo hayamos sido cristianos, esto sigue sorprendiéndonos porque somos muy indignos. Por eso seguimos cantando del asombroso amor y de la sublime gracia de Dios.

GRAN MISERICORDIA

> Por la misericordia de Jehová no hemos sido consumidos, porque nunca decayeron sus misericordias. Nuevas son cada mañana; grande es tu fidelidad.
>
> —*Lamentaciones 3:22-23*

Es solo gracias a las misericordias del Señor que no somos consumidos. Misericordia significa retener lo que merecemos, no darnos el castigo que merecemos. La realidad es que merecemos castigo. Merecemos el juicio de Dios porque hemos quebrantado su ley, porque hemos despreciado su amor, porque lo hemos ofendido y no lo hemos honrado. Hacemos eso cada vez que pecamos. Debiéramos ser consumidos por su justicia, pero su justicia es atenuada por su misericordia. Su misericordia se basa en su compasión por nosotros y esa compasión nunca falla.

Cuando estaba criando a mis hijos, hubo momentos en que mostré misericordia como padre, pero no puedo decir que tenía gran misericordia. Mirando atrás, puedo ver que hubo momentos en que se me agotó la compasión. Como la mayoría de los padres, no siempre mostré el amor perdonador de Dios cuando pude haberlo hecho. Como soy un ser humano y caído, mi compasión falló. Pero el Señor nos dice que sus misericordias nunca fallan. Su misericordia nunca disminuye con el desánimo, la irritación o el tiempo. Como nos dice Pablo en Romanos 5:20, donde el pecado abunda, la gracia abunda mucho más. Aunque sigamos pecando, abunda la gracia de Dios.

Esas obras de piedad hacia nosotros nuevas son cada mañana. A Dios nunca se le agota la compasión. Cada día es un nuevo día con Él. ¡Qué maravilloso es pensar en eso al comenzar el día! Es un nuevo día y toda la misericordia y compasión de Dios está a nuestra disposición para ese día.

¿Por qué tiene Dios tal misericordia y compasión? ¿Por qué son nuevas hoy aunque ayer fuera un día malo, o decepcionante o pecaminoso? He aquí por qué: Grande es tu fidelidad. La fuente de donde surge la misericordia y la compasión de Dios es su pacto. Cuando Dios hace una promesa, la cumple. Durante los cuarenta años que Israel anduvo en el desierto y a lo largo de toda la Biblia, Dios nos ha prometido misericordia y compasión si confiamos en Él. Dios es siempre fiel a sí mismo y a su Palabra. Dios no puede mentir ni puede quebrantar una promesa. En 2 Timoteo 2:13 leemos: "Si fuéremos infieles, él permanece fiel; él no puede negarse a sí mismo".

Despertamos cada nuevo día, sin que importe lo que

sucedió el día anterior, rodeados de la misericordia y la compasión de un Dios que cumple su pacto incluso con sus imperfectos hijos.

HABLA CONTIGO MISMO

Bendice, alma mía, a Jehová,
Y bendiga todo mi ser su santo nombre.
Bendice, alma mía, a Jehová,
Y no olvides ninguno de sus beneficios.
Él es quien perdona tus iniquidades,
El que sana todas tus dolencias;
El que rescata del hoyo tu vida,
El que te corona de favores y misericordias.

—Salmo 103:1-4

Todos hablamos con nosotros mismos. Es probable que te dijeras esta mañana: "Oye, sale de la cama". Te dijiste a ti mismo que abrieras este libro. Todos estamos empeñados en hablarnos a nosotros mismos y el Salmo 103 nos presenta un modelo para hacerlo de manera correcta. Considera este modelo: "Bendice, alma mía, a Jehová, y bendiga todo mi ser su santo nombre". Logra tener el hábito de decirte a ti mismo que bendigas a Dios y prepara tu alma para bendecir su nombre.

¿Cómo preparas tu alma para bendecir a Dios? Al recordar sus beneficios. Recuerda lo que Dios ha hecho por ti. Cuenta tus bendiciones. Cuando las cosas andan mal en tu vida, pudieras olvidar sus beneficios. Cuando estás decepcionado, pudieras olvidar sus bendiciones. Pero nada que sucede en esta vida puede afectar la eterna bendición de Dios sobre ti como su hijo.

¿Cuáles son los beneficios mencionados aquí? En primer lugar, Dios perdona todos tus pecados. ¡Qué buen comienzo! En segundo lugar, Dios sana todas tus enfermedades. Cada sanidad que haya experimentado ha venido de Dios. Algunas enfermedades no serán sanadas ahora sino en la eternidad; si no se sanan en esta vida serán sanadas en el cielo cuando seas hecho absolutamente perfecto. En tercer lugar, Él ya ha salvado tu vida de la destrucción y te ha librado del poder de la muerte. En cuarto lugar, como si eso fuera poco, Dios te ha coronado de amor y misericordia. Esa palabra "misericordia" es la palabra hebrea *hesed*. Significa el "amor de pacto" de Dios y es la palabra del Antiguo Testamento para "gracia". La tierna misericordia de Dios hacia ti como pecador es el tema del Salmo 103: Él derrama ese amor y esa misericordia sobre ti. Tu respuesta a eso es alabar su santo nombre con todo lo que hay dentro de ti.

Las cosas sí andan mal en esta vida. La ley de Murphy parece estar funcionando; que todo lo que puede andar mal, así andará. Pero nada anda mal en el reino eterno. Nada anda mal en los propósitos de Dios y puedes contar con ellos.

El propósito de Dios es bendecirte, perdonarte, sanarte, redimirte y amarte. Por eso puedes decirte: "Bendice, alma mía, a Jehová, y bendiga todo mi ser su santo nombre".

LA SOMBRA DE LA MUERTE

Jehová es mi pastor; nada me faltará.
En lugares de delicados pastos me hará
descansar;
Junto a aguas de reposo me pastoreará.
Confortará mi alma;
Me guiará por sendas de justicia por amor de
su nombre.
Aunque ande en valle de sombra de muerte,
No temeré mal alguno, porque tú estarás
conmigo;
Tu vara y tu cayado me infundirán aliento.
Aderezas mesa delante de mí en presencia de
mis angustiadores;
Unges mi cabeza con aceite; mi copa está
rebosando.
Ciertamente el bien y la misericordia me
seguirán todos los días de mi vida,
Y en la casa de Jehová moraré por largos días.

—*Salmo 23*

Este salmo nos presenta un cuadro memorable de la bondad y la misericordia de Dios mostradas en su constante cuidado por su pueblo. Se han escrito libros acerca de las grandes verdades en esa conocida canción del pastor, pero me concentraré solo en una imagen. Es la que salta a nuestra vista cuando escuchamos ese salmo en algún funeral: "Aunque ande en valle de sombra de muerte, no temeré mal alguno, porque tú estarás conmigo".

Las ovejas no pueden guiarse a sí mismas. Tienen que ser guiadas por un pastor para hallar alimento y el Señor es el pastor que nos alimenta. Las ovejas necesitan ser guiadas a aguas tranquilas, porque las agitadas aguas de los ríos y arroyos las pueden arrastrar y no pueden tomar de ellas. Las ovejas necesitan ser guiadas a lugares seguros. Necesitan ser protegidas por la vara y el cayado del pastor cuando están amenazadas por un peligro mortal, cuando están en la sombra de muerte.

Como creyentes, nunca andamos en el valle de la muerte; andamos a través del valle de *sombra de muerte*. ¿Qué piensas que quiso decir el salmista con eso? Una famosa historia contada por el gran predicador Donald Grey Barnhouse nos arroja luz al respecto.

La muerte de la esposa del Dr. Barnhouse los dejó a él y a su hija de seis años en el hogar. Para él fue muy difícil pasar por esa experiencia dolorosa, pero lo más difícil era consolar a su hija y explicarle la muerte. Un día estaban en una concurrida esquina en una intersección del centro de la ciudad esperando el cambio de luz. De repente un camión muy grande pasó a toda velocidad por la esquina, bloqueando brevemente el sol y atemorizando a la niña. A fin de consolarla, el Dr. Barnhouse la cargó y, en un instante, se abrió paso la sabiduría de Dios y pudo explicarle: "Cuando viste pasar el camión, te asustaste, pero déjame preguntarte: ¿Te impresionaste por el camión, o más bien por la sombra del camión?".

Ella respondió: "Por supuesto que por la sombra". Él siguió explicando que "cuando tu madre murió, solo fue golpeada por la sombra de la muerte porque Jesucristo fue golpeado por el camión (la muerte)" [James Hewett, *Illustrations Unlimited*, Wheaton: Tyndale House, 1988, p. 148]. La señora Barnhouse solo anduvo a través del valle de sombra de muerte, así que no tememos mal alguno para ella.

La muerte no es más que una pálida sombra para las ovejas del Buen Pastor. Como exclama el apóstol Pablo: "¿Dónde está, oh muerte, tu aguijón? ¿Dónde, oh sepulcro, tu victoria?... gracias sean dadas a Dios, que nos da la victoria por medio de nuestro Señor Jesucristo" (1 Co. 15:55, 57). El Buen Pastor nos protege de la muerte. Todos los días de nuestra vida nos siguen su bondad y su misericordia, mientras Él cuida de nosotros, nos alimenta y pone aceite en nuestras heridas. Un día nos llevará para siempre a su mansión eterna.

NADA PUEDE SEPARARNOS

> Por lo cual estoy seguro de que ni la muerte, ni la vida, ni ángeles, ni principados, ni potestades, ni lo presente, ni lo por venir, ni lo alto, ni lo profundo, ni ninguna otra cosa creada nos podrá separar del amor de Dios, que es en Cristo Jesús Señor nuestro.
>
> —*Romanos 8:38-39*

El apóstol Pablo pudo haber escrito sencillamente: "Nada puede separarnos del amor de Dios que es en Cristo Jesús Señor nuestro". Pero alguien habría dicho: "Ah, pero ¿y esto? ¿Y esto otro? ¿No pueden esas cosas separarnos del amor de Dios?".

Así que por causa de esas personas, Pablo hace una lista abarcadora. "Estoy seguro", dice en los términos más fuertes, plenamente convencido, absolutamente persuadido, de que ninguna de esas cosas puede interponerse entre nosotros y el amor de Dios. Él comienza con la muerte, ya que es lo primero que tememos que pueda apartarnos de Dios. No, ni la muerte, dice él y no, ni la vida. Esas son las únicas dos posibilidades, y ninguna puede separarte del amor de Dios.

Luego Pablo se mueve al reino de los seres espirituales a los que pudiéramos temer, los santos y los impíos. Ni ángeles ni demonios ("principados y potestades") tienen el poder de separarnos del amor de Dios. No tenemos que vivir temiéndoles.

Entonces va a la dimensión del tiempo. Nada en el presente y nada en el futuro puede excluirte del pacto del amor de Dios. Se mueve después a la dimensión del espacio. No hay nada en el punto más alto del universo y nada en el punto más bajo que puede interferir entre tú y el amor de Dios.

Si eso no fuera suficiente, Pablo añade algo más. No hay nada creado que pueda separarte de su amor, y todo en el universo salvo Dios es una cosa creada. No hay absolutamente nada que pueda separarte del amor de Dios. Eso te incluye a ti, ya que eres un ser creado. No hay nada que pueda hacer que te separes del amor de Dios. Ningún poder demoniaco ni angelical puede hacerlo. No importa si es algo en el presente o algo en el futuro lo que a ti te preocupa. No importa si es algo real o imaginario. No hay nada que exista que pueda cambiar tu eterna relación con Dios si estás en Jesucristo nuestro Señor.

Algunos pudieran decir que este versículo es un aliento maravilloso. Otros, sin embargo, dirán que sencillamente anima a las personas a salir y pecar. Creo que es precisamente todo lo contrario. El conocimiento del amor misericordioso de Dios en Cristo nos atrae a Él y nos transforma. Produce adoración y obediencia, no rebelión. El Espíritu Santo obra en nosotros como creyentes para conformarnos a la imagen de Jesucristo.

Puedes saber que esa promesa es verdadera: Estás entre "los llamados, santificados en Dios Padre y guardados en Jesucristo" (Jud. 1). Aquel que te justificó también te santificará y un día te glorificará. Esto es porque Dios te ama con amor eterno y estás escondido con Cristo en el amor de Dios. Un futuro glorioso te espera, no porque lo mereces, sino porque Dios es fiel a su eterno amor.

SU GRACIA ES SUFICIENTE

> Y me ha dicho: Bástate mi gracia; porque mi poder se perfecciona en la debilidad. Por tanto, de buena gana me gloriaré más bien en mis debilidades, para que repose sobre mí el poder de Cristo. Por lo cual, por amor a Cristo me gozo en las debilidades, en afrentas, en necesidades, en persecuciones, en angustias; porque cuando soy débil, entonces soy fuerte.
>
> *—2 Corintios 12:9-10*

¡Pablo se lanza contra el fundamento de nuestra cultura! ¿Puedes imaginarte a alguien diciendo que la debilidad es mejor que la fortaleza? ¿Puedes imaginarte a personas famosas jactándose de sus padecimientos? Pablo dice: "me gozo en las debilidades, en afrentas, en necesidades, en persecuciones, en angustias". Parece un poco masoquista. ¿Por qué diría algo así? Porque Dios tiene un propósito en todas esas experiencias dolorosas de la vida.

Pablo tuvo muchas experiencias dolorosas, entre ellas una enfermedad crónica a la que se refirió como: "un aguijón en la carne". Le pidió al Señor tres veces que se la quitara, pero Él no quiso hacerlo. En lugar de eso, le dijo a Pablo: "Bástate mi gracia". Mi gracia es suficiente para ti. Mi amor y misericordia te permitirán seguir adelante.

Cada momento difícil de nuestra vida —cada enfermedad, afrenta, necesidad, persecución o angustia—, es una oportunidad para que Dios manifieste su gracia suficiente. Cada momento de debilidad es una oportunidad para que Cristo muestre su poder. He aprendido eso una y otra vez. Cuando mi hijo tuvo un tumor cerebral, pasamos por una horrible experiencia desde el punto de vista humano. Pero pasé nueve días de ayuno, orando por mi hijo y experimenté la gracia más allá de toda descripción. Fue uno de los mejores momentos espirituales de toda mi vida. Cuando mi esposa tuvo un accidente automovilístico y se quebró el cuello, fue un terrible sufrimiento, pero una vez más encontré que la gracia de Dios era suficiente.

Nunca se experimenta esa gracia hasta que se necesita. Pudieras preguntarte qué vas a hacer cuando te enfrentes a la muerte. Si eres cristiano, puedo decirte cómo te enfrentarás a ella, y lo harás bien. He visto eso miles de veces. En el momento en que la necesites, su gracia será suficiente para ti. Pero no recibirás esa gracia hasta ese momento.

El Señor también le dijo a Pablo: "mi poder se perfecciona en [tu] debilidad". ¿Qué significa eso? Significa que, cuando atraviesas los tipos de pruebas en la vida que sencillamente no puedes solucionar, te haces más dependiente de la fortaleza de Dios y no dependes de la tuya. Me gustaba alentar a las personas a confiar en Dios para algo tan grande que cuando sucediera ellos sabrían que solo Dios podía haberlo hecho. Bueno, a veces Dios trae esas grandes cosas a nuestra vida. Dios trae problemas a nuestra vida que solamente Él puede solucionar, asuntos que solo Él puede cambiar, de modo que nos vemos en situaciones de debilidad y desamparo. En esas ocasiones, la fuerza que encontramos es el poder de Dios y no el nuestro. Si Dios soluciona esos problemas o le da el rumbo apropiado a esos asuntos, podemos estar seguros de que fue Él y no nosotros.

El sufrimiento es una oportunidad para que Dios muestre su gracia y poder. Acepta tu debilidad. Nadie es demasiado débil para garantizar el ser hecho poderoso, pero muchos son demasiado fuertes. Si aceptas tu sufrimiento, verás la gracia y la fortaleza de Dios perfeccionadas en tu vida.

SATISFACCIÓN

> En esto se mostró el amor de Dios para con nosotros, en que Dios envió a su Hijo unigénito al mundo, para que vivamos por él. En esto consiste el amor: no en que nosotros hayamos amado a Dios, sino en que él nos amó a nosotros, y envió a su Hijo en propiciación por nuestros pecados.
>
> *—1 Juan 4:9-10*

Dios nos mostró su amor y su gracia en nuestra debilidad cuando envió a su Hijo al mundo para darnos vida. Estábamos muertos en nuestros pecados, pero Él nos dio vida en Cristo. Así es como sabemos lo que es el verdadero amor; no por nuestra experiencia de amar a Dios, sino por la muerte de Cristo en la cruz por nosotros. Dios definió su amor por nosotros al darse a sí mismo en la forma de su Hijo como un sacrificio, la propiciación por nuestros pecados.

¿Qué significa "propiciación"? Significa satisfacción. Jesucristo llegó a ser la satisfacción por nuestros pecados. ¿Quién tenía que ser satisfecho? Dios tenía que ser satisfecho, ya que nuestro pecado había ofendido a Dios, había violado su ley. El pecado es un acto de rebeldía contra Dios, que viola su honor y justicia. Si Dios va a perdonar a un pecador, hay que satisfacer su justicia. Jesucristo vino a hacer eso con su vida sin pecado y su muerte expiatoria. La muerte expiatoria del inocente satisfizo la justicia divina.

Dios estuvo plenamente satisfecho con su Hijo. ¿Recuerda lo que dijo la voz del cielo cuando Jesús fue bautizado? "Este es mi Hijo amado, en quien tengo complacencia" (Mt. 3:17). La misma voz se oyó cuando Jesús se transfiguró: "Este es mi Hijo amado, en quien tengo complacencia" (Mt. 17:5). El Padre estuvo plenamente satisfecho con su Hijo para que su Hijo pudiera ser la plena satisfacción por nuestros pecados.

Tales verdades acerca de cómo el amor de Dios satisfizo su justicia dentro de sí mismo pueden parecer más bien conceptos abstractos. Permíteme llevarlo a un nivel personal. ¿Cuán satisfecho estás con Jesucristo? Esa es una pregunta espiritual fundamental que debes hacerte. El Padre está plenamente satisfecho con el Hijo; el Hijo está plenamente satisfecho con el Padre. ¿Y tú? ¿Estás plenamente satisfecho con Jesucristo? ¿Es Él tu más profunda y verdadera satisfacción? ¿Encuentras tu más grande gozo en Él? Lo que buscas como tu satisfacción y gozo moldeará toda tu vida. Dios está más satisfecho con nosotros cuando nuestra mayor satisfacción está en su Hijo.

CAPÍTULO 7

VIDA DIGNA *de* NUESTRO LLAMAMIENTO

HEMOS VISTO UNA Y OTRA VEZ en pasajes clave que el corazón de la Biblia radica en el ofrecimiento gratuito de salvación por parte de Dios, que viene a nosotros no sobre la base de nuestra dignidad, sino de su amor y su misericordia. Pero también es cierto que la salvación produce una vida digna. La justificación lleva a la santificación. En 2 Timoteo 1:9 dice que Dios: "nos salvó y llamó con llamamiento santo, no conforme a nuestras obras, sino según el propósito suyo y la gracia que nos fue dada en Cristo Jesús". Pablo exhorta a los efesios a "[andar] como es digno de la vocación con que [fueron] llamados" (4:1). Nuestro llamado a la salvación tiene el propósito de producir una vida de carácter cristiano y de pureza.

¿QUIÉN PUEDE ENTRAR EN LA PRESENCIA DE DIOS?

¿Quién subirá al monte de Jehová?
¿Y quién estará en su lugar santo?
El limpio de manos y puro de corazón;
El que no ha elevado su alma a cosas vanas,
Ni jurado con engaño.
Él recibirá bendición de Jehová,
Y justicia del Dios de salvación.

—*Salmo 24:3-5*

He estado en la ciudad de Jerusalén en la parte sur del monte del Templo. El lugar de adoración una vez se levantó en la cima de un gran monte. Todavía se pueden ver los peldaños que conducen a través del muro hasta el templo donde los judíos, incluso Jesús, iban a adorar hasta la destrucción del templo en 70 d.C. A fin de adorar, subían al monte de Jehová.

Es probable que en los tiempos antiguos los sacerdotes preguntaran a los adoradores cuando se acercaban al monte: "¿Quién subirá al monte de Jehová? ¿Y quién estará en su lugar santo?". El pueblo respondería antifonalmente: "El limpio de manos y puro de corazón; el que no ha elevado su alma a cosas vanas, ni jurado con engaño". Conocían los requisitos para acercarse a Dios. No podían llegar al lugar santo si estaban inmundos por pecados no perdonados. No podían acercarse a Dios con un corazón dividido. No podían elevar alabanzas al Dios de Israel si ya habían adorado a un dios falso. No podían acercarse para prometer lealtad al

Señor si habían usado su nombre en falsos juramentos. Los sacerdotes hacían las preguntas para recordar al pueblo que examinaran su corazón cuando iban a adorar.

Me pregunto si alguna vez nos hemos hecho estas preguntas cuando vamos a adorar. ¿Nos concentramos en la música, en el desenvolvimiento del culto y en dar la bienvenida a las personas, pero nunca nos preguntamos quiénes tienen el derecho de adorar? ¿Tengo derecho de llegar apresurado ante la presencia del Dios santo? El edificio de una iglesia no es el templo de Jerusalén, pero Dios está allí, ya que Él vive en las alabanzas de su pueblo (Sal. 22:3). ¿Tengo derecho de "subir" ante su presencia?

No tengo derecho a menos que vaya con manos limpias y un corazón puro. No tengo derecho si hay ídolos en mi alma o si estoy jurando lealtad a Él engañosamente. Pudieras pensar que nunca harías eso, pero si cantas: "Te amo, Señor" y no lo amas de todo corazón, le estás jurando lealtad engañosamente. Cuando cantas himnos de devoción, estás prometiendo lealtad a Dios. ¿Estás ocultando algo? ¿Hay impurezas o ídolos en tu corazón? Si así es, no recibirás bendición del Señor ni las misericordias de su justicia.

Ya no subimos al monte del templo porque Dios no mora en un templo hecho de manos. Quienes lo adoran deben adorarlo en espíritu y en verdad (Jn. 4:24). Cada vez que adoramos, sea en el santuario o en el gimnasio de la escuela o al aire libre, entramos a través del velo al lugar santísimo. Estamos en la presencia de Dios. Si pudieras ver la presencia de Dios y tuvieras que pasar a través de un velo literal, no pensarías en hacerlo a menos que hayas resuelto el problema del pecado en tu vida. ¿Por qué, entonces, caminarías hacia su presencia invisible sin resolver tu pecado? Asegúrate de tener un corazón recto cuando entras en su presencia, ya que Dios quiere derramar su bendición y darte el don de su justicia.

VIVOS EN CUERPOS MORTALES

> No reine, pues, el pecado en vuestro cuerpo mortal, de modo que lo obedezcáis en sus concupiscencias; ni tampoco presentéis vuestros miembros al pecado como instrumentos de iniquidad, sino presentaos vosotros mismos a Dios como vivos de entre los muertos, y vuestros miembros a Dios como instrumentos de justicia.
>
> —*Romanos 6:12-13*

Cuando te entregas a Cristo, eres hecho una nueva criatura (2 Co. 5:17). Se te da una nueva naturaleza, una nueva disposición con nuevos anhelos y deseos. Deseas hacer lo que es recto y ya no estás bajo el constante dominio del pecado. Aunque seamos hechos nuevas criaturas, esa nueva naturaleza está aprisionada en nuestra humanidad caída. De eso es de lo que habla Pablo cuando dice que somos vivos de entre los muertos y aún estamos en cuerpos mortales. La única parte de nosotros que es susceptible al pecado es ese cuerpo destinado a la muerte, tanto sus partes ("miembros") como sus deseos.

Esa lucha entre la influencia del pecado y nuestra nueva naturaleza continuará mientras vivamos en este cuerpo. Por eso Pablo dice en Romanos 8:23 que esperamos con ansias la redención de nuestro cuerpo. Algún día estaremos libres del pecado por completo, pero en este momento hay una batalla. Al igual que Pablo, hacemos cosas que aborrecemos y dejamos de hacer cosas que queremos hacer. En esa batalla se nos ordena que no permitamos que el pecado gane la delantera. No obedezcas al enemigo. No permitas que el pecado te use, ofreciendo los miembros de tu cuerpo como instrumentos de injusticia. En lugar de eso, debemos presentarnos ante Dios, ofreciendo los miembros de nuestro cuerpo como instrumentos de justicia, para ser usados en el bando correcto de esa continua batalla. Puedes tomar la decisión de ofrecerte a Dios. Puedes llenar tu mente de la verdad bíblica. Puedes disciplinar tu cuerpo y ponerlo en servidumbre (1 Co. 9:27). Y puedes asirte de la esperanza del cielo y ser libre al fin.

Cuando pienso en el cielo, tengo curiosidad por lo que veré allí. Deseo ver una puerta hecha de una gran perla y calles de oro transparente. Tengo curiosidad por la nueva Jerusalén en forma de cubo y la luz de la gloria de Dios resplandeciendo desde el centro del trono a través de joyas multicolores, esparciendo luz sobre todo el universo. Tengo curiosidad por ver cómo seré y cómo voy a ver a mis seres queridos, pero cuando seamos perfectos pudiéramos no reconocernos. Sobre todo, anhelo ver a Jesucristo cara a cara.

Pero ¿sabes que lo que más me llama la atención sobre el cielo es la ausencia de pecado? Estoy mucho más deseoso de ver el pecado fuera de mi vida que de sentarme en una nube o tener una vista del cielo. Quiero que termine la batalla. La promesa de la Biblia es que la batalla terminará pronto y que la victoria ya está ganada. Algún día estaremos libres de esos cuerpos mortales, transformados a la semejanza del glorioso cuerpo de Cristo. No habrá más pecado. Hasta entonces, luchamos y nos ofrecemos a Dios como sus instrumentos para sus propósitos de justicia.

EL FRUTO DEL ESPÍRITU

> Mas el fruto del Espíritu es amor, gozo, paz, paciencia, benignidad, bondad, fe, mansedumbre, templanza; contra tales cosas no hay ley.
>
> —*Gálatas 5:22-23*

Cuando el Espíritu de Dios está en absoluto control de tu vida, así es como vas a ser. Esas nueve actitudes están interrelacionadas. Vienen juntas como el fruto que produce el Espíritu. Esas actitudes no son como los dones del Espíritu; no recibes una o más de esas actitudes en base a tu temperamento. Si estás bajo el control del Espíritu Santo, viviendo en obediencia a la Palabra de Dios, entonces esas nueve actitudes se producirán en tu vida. Ese carácter piadoso es la evidencia de que el Espíritu Santo —no tu vieja naturaleza caída— está en control.

No hay tal cosa como una entrega parcial del fruto del Espíritu. No es como hacer un pedido por teléfono, en el que puedes pedir toronjas y no naranjas; peras pero no manzanas. Recibes juntas las nueve características. No puede ser posible que una persona que ande en el Espíritu, bajo su control, tenga amor pero no gozo, o paz pero no paciencia, o bondad pero no fe. Si estamos llenos del Espíritu —que es otra manera de decir que estamos bajo el control del Espíritu—, entonces esa mezcla del carácter cristiano se manifestará en nuestra vida. Es el carácter de Jesucristo recreado en nuestra vida mediante la obra del Espíritu Santo mientras somos santificados y hechos más a su semejanza.

Habrá amor; *agape* en griego, el amor de la voluntad. No es el amor de la emoción o de la atracción física o de los lazos familiares. Es el amor que optamos por mostrar en la abnegación, el amor más noble. Habrá gozo, una muy profunda satisfacción de que todo anda bien. Habrá paz, una calma interior que viene del conocimiento de que Dios está en control de todo. Habrá paciencia, la paciencia que nos capacita para soportar las dificultades. Habrá benignidad, el tierno interés por los demás. Habrá bondad, excelencia moral y espiritual. Habrá fe, lealtad y honradez. Habrá mansedumbre, palabra que aquí significa humildad. Por último, habrá templanza, la capacidad de dominar las pasiones y los apetitos.

Siempre que el Espíritu de Dios tiene el control, se manifiestan todas esas características. Luego Pablo añade esta interesante nota: "Contra tales cosas no hay ley". Pablo ha estado escribiendo en Gálatas acerca de la diferencia entre la vida bajo la ley y la vida en el Espíritu. Lo que quiere decir aquí es que, si vives en el Espíritu, no necesitas una ley externa. Una ley externa nunca puede obligar a alguien a tener este tipo de carácter. La ley no puede producir esos rasgos, porque fluyen del interior por el ministerio del Espíritu Santo. Es un increíble milagro que el Espíritu pueda producir esas actitudes en nuestra vida, un milagro que debe llenar nuestro corazón de gratitud. Debe provocar en nosotros ansias de rendirnos al Espíritu al andar en obediencia a su Palabra revelada, de modo que podamos ver ese carácter manifestado en nosotros.

EN ESTO PENSAD

> Por lo demás, hermanos, todo lo que es verdadero, todo lo honesto, todo lo justo, todo lo puro, todo lo amable, todo lo que es de buen nombre; si hay virtud alguna, si algo digno de alabanza, en esto pensad.
>
> —*Filipenses 4:8*

¡Adiós a los periódicos! Supongo que no podemos estar leyendo eso. ¡Lo mismo en cuanto a la televisión! Si tomamos en serio ese mandato de meditar solo en lo que es verdadero, honesto, justo, puro, amable, de buen nombre, virtuoso y digno de alabanza, se limitaría considerablemente lo que leemos y vemos, ¿no es así? En cierto modo todos somos el producto de lo que hemos puesto en nuestra vida. Ya conoces la vieja regla de la informática: basura que entra, basura que sale.

Jesús dijo una vez algo profundo que parece establecer una posición contraria. Él dijo que no es lo que entra en el hombre lo que lo contamina; es lo que sale del hombre lo que lo contamina (Mr. 7:15-23). El verdadero problema no es que el mundo exterior amenace con contaminarnos. El verdadero problema es lo que hay dentro de nosotros. Es nuestra naturaleza caída, la carne. El pecado no viene de afuera hacia adentro; viene desde el interior hacia fuera. Esa es la enseñanza que dio el apóstol Pablo una y otra vez.

Pero aquí Pablo nos está diciendo que, a pesar de eso, hay todo tipo de cosas en el exterior que pueden provocar la naturaleza pecaminosa dentro de nosotros. Si quieres llevar una vida que honre a Dios, no puedes continuar permitiendo cosas en tu vida que pueden encaminarte hacia la desobediencia. Tienes que tomar una decisión de concentrarte en lo que es bueno en vez de en lo que es malo. Debes escoger llenar su mente y tu corazón de cosas que Dios alabaría y no de cosas de las que tendrías que avergonzarte si se descubrieran.

Esa es la dirección que debes seguir. Concéntrate en lo que es verdadero, no en lo que es falso. La verdad abarca toda la revelación de Dios, dada a conocer más claramente en Cristo y en la Biblia. Concéntrate en lo que es honesto, lo que merece tu respeto. No desperdicies tu atención en las personas o en los medios de comunicación que nunca podrás respetar. Concéntrate en lo que es justo, lo que es correcto según la norma de Dios. Concéntrate en las cosas que son moralmente puras y en las cosas que son amables y agradables. Mucho de lo que se nos ofrece como entretenimiento —en nuestro tiempo como en el de Pablo— destaca la inmoralidad y lo desagradable; no dediques tiempo a esas cosas. Presta atención a lo que tiene buena reputación, en todo lo virtuoso y digno de alabanza. Piensa en eso y estarás cooperando con el Espíritu Santo quien obra para producir estas características en tu vida.

TU CUERPO ES UN TEMPLO

> ¿O ignoráis que vuestro cuerpo es templo del Espíritu Santo, el cual está en vosotros, el cual tenéis de Dios, y que no sois vuestros? Porque habéis sido comprados por precio; glorificad, pues, a Dios en vuestro cuerpo y en vuestro espíritu, los cuales son de Dios.
>
> *—1 Corintios 6:19-20*

Muchas veces actuamos a partir de la suposición de que nuestros cuerpos nos pertenecen. Aun cuando no tengamos mucho en este mundo, al menos tenemos nuestros cuerpos. Suponemos que tenemos derecho a controlarlos. Pero la Biblia nos dice algo muy diferente. No somos dueños de nosotros mismos. Hemos sido comprados y se ha pagado un alto precio por nosotros. El precio, como vimos en el capítulo 4, fue: "la sangre preciosa de Cristo, como de un cordero sin mancha y sin contaminación" (1 P. 1:19). Tu cuerpo es un edificio que ha sido comprado y ahora está habitado por su nuevo dueño. Una vez fuiste solamente una casa vieja, pero has sufrido una total transformación y ahora eres un templo en el que Dios vive. Tu cuerpo es el templo del Espíritu Santo, así que estás obligado a usar el templo de una forma que lo honre.

Un amigo mío estaba visitando la ciudad de Nueva York con un compañero y quería mostrarle la catedral de San Patricio en la Quinta Avenida. Dio la casualidad de que el compañero era católico romano y le pidió que vieran el altar de su santo patrono, San José. Los dos hallaron el nicho donde se encontraba la estatua de San José, pero había un letrero alrededor del cuello de San José que decía: "NO ADOREN AQUÍ. ESTE ALTAR ESTÁ ROTO". ¿Este altar está roto? Mi amigo se disculpó con su compañero, pero se dijo a sí mismo: "Me pregunto si falta mucho para que ese letrero esté colgando alrededor de *mi* cuello: 'NO ESPERE VER A CRISTO AQUÍ. ESTE ALTAR ESTÁ ROTO'".

Tu cuerpo es ese altar. Es ese templo para el Espíritu Santo, porque el Espíritu Santo vive allí. A veces tengo miedo de que esté oculto. A veces su fruto no es visible en mi vida. A veces mi cuerpo está lleno de cosas que no son verdaderas, puras y dignas de alabanza. Asegúrate de que tu altar esté funcionando bien, de que las personas puedan ver tu vida y glorificar a tu Padre en el cielo. Glorifica a Dios en tu cuerpo y en tu espíritu, los cuales son suyos.

IRREPRENSIBLES EN EL DÍA DE CRISTO

Para que seáis irreprensibles y sencillos, hijos de Dios sin mancha en medio de una generación maligna y perversa, en medio de

> la cual resplandecéis como luminares en el mundo; asidos de la palabra de vida, para que en el día de Cristo yo pueda gloriarme de que no he corrido en vano, ni en vano he trabajado.
>
> —*Filipenses 2:15-16*

El motivo de Pablo cuando exhorta a los creyentes es que él quiere regocijarse en el día de Cristo. El día de Cristo es el día en que todos llegaremos al cielo y lo veremos cara a cara. ¿Qué haría a Pablo regocijarse en ese día? Él no está pensando aquí en su gozo al ver a Cristo. Él dice que una fuente de gozo aquel día será ver en la presencia del Señor a los creyentes con quien él había servido, verles recompensados porque habían llevado una vida irreprensible y sencilla y habían brillado como luces en un mundo impío.

Más adelante en esa carta (4:1), Pablo llama a los creyentes de Filipos su gozo y su corona. En 1 Tesalonicenses 2:19, él dice que su gozo y corona de regocijo será ver a los creyentes a los que sirvió en la presencia de nuestro Señor Jesucristo en su venida. ¡Qué perspectiva tan maravillosa del ministerio! Es una perspectiva eterna, orientada hacia ese día futuro de rendición de cuentas. No es un simple deseo de ser juzgado él mismo libre de culpa, sino de desear ver a aquellos a quienes enseñó juzgados libres de culpa.

Pablo no dijo: "Quiero tener una iglesia grande. Quiero tener éxito en mi ministerio para que las personas vean que soy eficiente". No se preocupaba por su reputación. Él tenía una perspectiva celestial. Él dijo: "Cuando llegue a la presencia del Señor, quiero saber que mis esfuerzos han tenido resultados eternos". Por eso escribió sus cartas, predicó el evangelio y exhortaba a las iglesias. Quería ver vidas transformadas, vidas que serían agradables a Cristo aquel día.

Quería que los hijos de Dios llevaran una vida irreprensible y sencilla; que significa vidas inocentes, no mezcladas con el pecado. Quería que vivieran sin el reproche de Dios en medio de una generación maligna. La palabra griega para "maligna" es de donde viene nuestra palabra "escoliosis"; significa torcida o desviada. Si la generación de Pablo era perversa, la nuestra lo es también. Él deseaba que los creyentes resplandecieran como luminares en un mundo en tinieblas. La forma de hacerlo es tomar la palabra de vida y proclamar el mensaje de la Palabra. Él quería que su pueblo viviera así para que participaran de una recompensa eterna con Cristo.

¿No quieres oír al Señor decir: "Bien, buen siervo y fiel"? Yo sí lo quiero. Debo tener una perspectiva celestial como la de Pablo. Quiero llevar mi vida, no para la aprobación de los hombres, sino para la aprobación del Señor mismo. Quiero servir a las personas, no para poder disfrutar su respeto, sino para regocijarme en su recompensa en la presencia de Cristo. Hoy se vive muy poco teniendo en cuenta el día de Cristo. Estamos tratando siempre de agradar a las personas y hacer que la vida sea cómoda. Esas cosas tienen muy poco valor desde una perspectiva eterna. Tenemos que perder nuestra vida en espera del día en que veremos a Jesucristo y podamos regocijarnos por el fruto de una vida que fue una luz que brilló en el mundo, que proclamó con fidelidad la palabra de vida.

LA ESPERANZA DE SU VENIDA

> Enseñándonos que, renunciando a la impiedad y a los deseos mundanos, vivamos en este siglo sobria, justa y piadosamente, aguardando la esperanza bienaventurada y la manifestación gloriosa de nuestro gran Dios y Salvador Jesucristo.
>
> —*Tito 2:12-13*

La Biblia nos llama a vivir teniendo en cuenta la venida de Jesucristo. Casi todos los cristianos entienden que Jesucristo ha de volver. Aparece en todo el Nuevo Testamento. En los últimos años hemos estado preocupados con un enfoque novelesco de la Segunda Venida, leyendo la serie *Dejados atrás* y otras novelas acerca de lo que el futuro pudiera ser cuando vuelva Cristo. Pero es muy importante que vayamos más allá de la ficción y comencemos en la realidad de la venida de Jesucristo. No es simplemente un asunto de curiosidad. Es un acontecimiento que brinda dirección y propósito a nuestra vida.

Debemos vivir anhelando la llegada de tan maravilloso acontecimiento. Debemos ser de los que "aman su venida", como le dice Pablo a Timoteo (2 Ti. 4:8). Debiéramos poder exclamar con Juan al final de Apocalipsis: "sí, ven, Señor Jesús" (Ap. 22:20). Pudieras preguntar: "¿Por qué debo anhelar la llegada de ese día? ¿Por qué sería esa una bendita esperanza para mí? La vida es maravillosa aquí. Disfrutamos de amor, de una familia, de hijos y de todas las maravillas del mundo. ¿Por qué anhelar el fin de la vida tal y como la conocemos? ¿Por qué desearíamos vivir cada día pensando en el último día cuando aparecerá Cristo?".

Permíteme darte dos grandes razones. En primer lugar, este mundo en todo su esplendor está muy, muy distante de lo que va a ser el cielo. Espero que nunca pierdas de vista esto. Con todo el gozo que encontramos en este mundo como cristianos, el mundo sigue siendo un lugar de tinieblas y sufrimientos y vivimos, como hemos visto, en medio de una generación maligna y perversa. Espero que nunca estés tan atado a este mundo que el cielo ya no te interese. Lo que Dios ha preparado para nosotros es infinitamente superior a lo mejor que pueda ofrecer esta vida: "Cosas que ojo no vio, ni oído oyó, ni han subido en corazón de hombre, son las que Dios ha preparado para los que le aman" (1 Co. 2:9).

Pero no es todo acerca de ti. ¿Qué decir de Jesucristo? ¿Cuánto tiempo se supone que soporte la hostilidad y el odio de este mundo? ¿Por cuánto tiempo debe Él soportar las afrentas de quienes piensan que son sabios y sus blasfemias constantes a su nombre? Cuando pienso en la venida de Cristo, hago la pregunta que los mártires hacen en Apocalipsis 6:10: "¿Hasta cuándo, Señor, santo y verdadero, no juzgas?". ¿Cuánto tiempo soportarás esas deshonras? ¿Cuánto tiempo permitirás a Satanás hacer libremente de las suyas en este planeta, entorpeciendo tu obra? ¿Cuánto tiempo estará tu Espíritu Santo entristecido y apagado? ¿Cuánto tiempo será tu iglesia perseguida? Anhelo que Cristo venga y enderece las cosas. Anhelo verlo recibir la gloria y el honor y la alabanza que se le niega en este mundo.

Me deleitaré al ver a Jesús aparecer en gloria como nuestro gran Dios y Salvador.

Cuando Henry Martyn fue, como misionero, a la India, entró en un templo hindú y vio a la gente adorando falsos dioses. Escribió en su diario: "Salí corriendo del templo con lágrimas en mis ojos. No puedo soportar la existencia si Jesucristo ha de recibir deshonra". ¿Te molesta que Jesús reciba deshonra en nuestro mundo? Martyn dijo que no podía soportar la vida si no se honraba a Cristo. Tampoco yo puedo recibir más de esa deshonra a Cristo. Me hace anhelar su aparición gloriosa, no por mi causa, sino por la suya.

CAPÍTULO 8

LO QUE SIGNIFICA SEGUIR A JESUCRISTO

UN CRISTIANO ES UNA PERSONA que puede decir: "Jesús es el Señor" (Ro. 10:9). Ser un cristiano significa aceptar la autoridad de Jesús como Señor y Maestro. La salvación que Jesucristo ofrece es un regalo —no algo que podamos ganar siendo buenos—, pero el regalo es el derecho de llegar a ser un seguidor de Cristo que está siendo transformado. El regalo no es el derecho a permanecer como estás.

Jesús no buscó a personas que creyeran intelectualmente que Él era el Hijo de Dios y entonces siguieran su propio camino. Buscó a personas que creyeran en Él; le confiaran plenamente su vida y se sometieran a su autoridad. No tiene sentido alguno decir que Jesús es el Señor y entonces no querer obedecerle. Él dijo: "¿Por qué me llamáis, Señor, Señor, y no hacéis lo que yo digo?" (Lc. 6:46). La fe genuina en Jesucristo incluye obediencia.

Veremos en este capítulo que ser discípulo de Jesucristo significa renunciar a tu propia vida y ofrecerte a Dios completamente. Significa ser transformado por la Palabra de Dios para que hagas su voluntad y no tengas que avergonzarte delante de Él. Significa renunciar a los valores de este mundo y vivir por los valores de Jesucristo de humildad y amor.

NEGARSE A SÍ MISMO

> Y decía a todos: Si alguno quiere venir en pos de mí, niéguese a sí mismo, tome su cruz cada día, y sígame. Porque todo el que quiera salvar su vida, la perderá; y todo el que pierda su vida por causa de mí, este la salvará.
>
> —*Lucas 9:23-24*

Jesús atraía a grandes multitudes en las que había todo tipo de personas. En el centro estaban los doce, los escogidos que lo habían dejado todo para seguirle, a quienes más tarde se les conoció como los apóstoles. Pero había muchos otros discípulos. La palabra "discípulo" significa estudiante y había personas en la multitud en todos los niveles de aprendizaje recibiendo enseñanzas de Jesús. Había personas que estaban simplemente por curiosidad y las que buscaban emociones, para quienes Jesús era como el circo que llega al pueblo. Solo querían ver milagros.

También entre la multitud había fariseos y otros guías religiosos que estaban allí solo para tratar de atrapar a Jesús diciendo algo incorrecto de modo que pudieran deshacerse de Él.

Lucas nos dice que Jesús les habló a todos ellos. De esa mezcla de personas estaba buscando a quienes de veras se consagrarían a Él. Como hacen los predicadores hoy, Jesús hizo una invitación a la multitud, aunque pudiera no sonar como las invitaciones que hemos oído. Él dijo: "Si alguno quiere venir en pos de mí, niéguese a sí mismo, tome su cruz cada día, y sígame". Si quieres ser un verdadero discípulo, tendrás que pagar el supremo precio de seguirme. A fin de ganar tu vida, debes perderla. Si no estás dispuesto a hacer eso, al final la perderás en la condenación eterna.

Vivimos en una época en que el evangelio se ha convertido en algo tan fácil que temo que haya dejado de ser evangelio. Muchas veces la invitación que hacemos no es una invitación legítima a seguir a Cristo. Es lo que llamo: "credulidad fácil". A menudo se oye una invitación a aceptar a Cristo que implica que lo único que hay que hacer es creer intelectualmente o decir algunas palabras o caminar por el pasillo hasta el frente, sin tener que cambiar nada en cuanto a tu vida. Rara vez oímos una declaración firme de que para aceptar a Cristo hay que negarse a sí mismo y renunciar a cualquier reclamo de la propia vida.

Pero eso es lo que dice Jesús: Debes negarte a ti mismo. Llegar a ser un cristiano es tu final, tal y como te has conocido hasta ahora. Es el fin de tus esperanzas, de tus sueños y de tus objetivos. Es una decisión de entregarte a la muerte, no por suicidio, sino al apartarte de tu antiguo yo y encontrar una nueva identidad en Cristo.

Jesús incluso dijo que, para seguirlo, debes aborrecer tu propia vida (Lc. 14:26). Cuando Martín Lutero comenzó la

Reforma Protestante en 1517, al clavar las noventa y cinco *tesis* en la puerta de la iglesia en Wittenberg, Alemania, la cuarta tesis decía que, si uno iba a seguir a Cristo, debía aborrecerse a sí mismo. Eso nos parece muy extraño hoy. La mayoría de las presentaciones del evangelio hoy son acerca de la realización de uno mismo en vez de sobre la negación de uno mismo. Pero Jesucristo es muy claro en lo que busca. Negar a alguien significa no querer relacionarse con esa persona, como Pedro más tarde negó a Jesús y dijo no estar relacionado con Él. Cuando te entregas a Cristo, lo haces porque te niegas a relacionarte con tu antiguo yo. Te aborreces a ti mismo y renuncias voluntariamente a esa vida vacía.

La entrega a Cristo implica tomar tu cruz cada día. ¿Qué significa eso? No quiere decir llevar las pesadas preocupaciones de la vida. La cruz significaba una sola cosa en la época de Jesús. Significaba una muerte penosa y dolorosa. Jesús estaba diciendo: "Si quieres seguirme, este es tu final; no simplemente de tus esperanzas y sueños, sino que pudiera ser de tu vida física. Pero aun cuando literalmente pierdas tu vida por mi causa, valdrá la pena el precio a pagar, ya que ganarás tu vida por siempre, por la eternidad". ¿Es esa la invitación a la que respondiste cuando aceptaste a Cristo? ¿Es esa la manera en que sigues a Jesucristo?

NO AMAR AL MUNDO

> No améis al mundo, ni las cosas que están en el mundo. Si alguno ama al mundo, el amor del Padre no está en él. Porque todo lo que hay en

> el mundo, los deseos de la carne, los deseos de los ojos, y la vanagloria de la vida, no proviene del Padre, sino del mundo. Y el mundo pasa, y sus deseos; pero el que hace la voluntad de Dios permanece para siempre.
>
> —*1 Juan 2:15-17*

Aquí la orden fundamental es "No am[en] al mundo". ¿Qué quiere decir Juan con "el mundo"? Es evidente que no quiere decir los pueblos del mundo, ya que Juan 3:16 dice: "De tal manera amó Dios al mundo". ¿Se estaba refiriendo al planeta Tierra? Por supuesto que no. Dios creó este planeta con toda su belleza y riqueza y "nos da todas las cosas en abundancia para que las disfrutemos" (1 Ti. 6:17). ¿Se estaba refiriendo a las cosas bellas de este mundo, cosas provechosas, cosas que traen bienestar? No, Él no estaba prohibiendo nuestro disfrute de esas cosas.

Aquí "el mundo" quiere decir el malvado sistema mundial en que vivimos. "El mundo" incluye todo lo que se opone a Dios y a su reino. Es el sistema invisible y espiritual dominado por Satanás, "el príncipe de este mundo" (Jn. 12:31). Es el mundo que odia a Jesucristo (Jn. 7:7) y odia a sus seguidores (Jn. 15:19). Los cristianos ya no son "del mundo" (Jn. 17:16). Si amamos a ese viejo mundo malvado "el amor del Padre" no está en nosotros.

¿Cómo es "el mundo"? Se caracteriza por tres cosas: "los deseos de la carne, los deseos de los ojos y la vanagloria de la vida". El mundo es ese malvado sistema que halaga nuestras pasiones, nuestra visión y nuestro orgullo. El mundo aviva nuestro egocentrismo. El mundo quiere que nos concentremos en lo que deseamos. Queremos satisfacer pasiones carnales. Queremos lo que podemos ver, lo que podemos poseer para nuestra propia ventaja. Queremos que las personas piensen que somos importantes y mejores que ellas. De eso se trata el mundo.

Pero eso no es lo que ama el Padre, así que como creyentes no debemos amar eso. Somos tentados por eso. A veces caemos en los pecados de lujuria y orgullo, pero cuando caemos, lo aborrecemos. A veces sentimos igual que el apóstol Pablo en Romanos 7:15: "Porque lo que hago, no lo entiendo; pues no hago lo que quiero, sino lo que aborrezco, eso hago".

Sí caemos en estas cosas, pero no las amamos. Son parte del mundo viejo y malvado que "pasa", mientras que nosotros somos parte del mundo nuevo que Dios está transformando. No estamos bajo el poder del maligno, sino bajo la autoridad del Padre.

Somos los que estamos motivados a hacer la voluntad de Dios y nos caracterizamos por eso. Por lo tanto, vamos a permanecer para siempre, viviremos eternamente. No es porque hagamos la voluntad de Dios que viviremos eternamente, sino porque somos suyos y hemos recibido vida eterna que se manifiesta en nuestra obediencia a Él.

TRANSFORMARSE

> Así que, hermanos, os ruego por las misericordias de Dios, que presentéis vuestros cuerpos en sacrificio vivo, santo, agradable

> a Dios, que es vuestro culto racional. No os conforméis a este siglo, sino transformaos por medio de la renovación de vuestro entendimiento, para que comprobéis cuál sea la buena voluntad de Dios, agradable y perfecta.
>
> —*Romanos 12:1-2*

Te resultará útil para entender esos versículos el comenzar por el final y analizarlos hacia atrás. El objetivo de esos mandatos es "para que comprobéis cuál sea la buena voluntad de Dios, agradable y perfecta". En otras palabras, el asunto es llevar una vida que sea agradable a Dios, que esté en el centro de su voluntad.

¿Cómo haces eso? Siendo "transformado por medio de la renovación de tu entendimiento". Se encuentra ese principio a lo largo de las Escrituras. La transformación ocurre cuando el Espíritu Santo cambia nuestra manera de pensar mientras meditamos en la Palabra de Dios. Al arraigarse la Palabra en tu corazón, esta moldea tu manera de pensar y se renueva tu mente. Soy afortunado de poder dedicar mucho tiempo a la Palabra de Dios en mi llamamiento de maestro y predicador. Mi mente se renueva cada semana de mi vida y eso da fruto en una manera de pensar bíblica. Es una experiencia transformadora permitir que la palabra de Cristo habite abundantemente en mí (Col. 3:16). Si deseas llevar una vida que esté en el centro de la voluntad de Dios, una vida que sea aceptable para Él, entonces tienes que permitir que tu mente se renueve continuamente por el poder transformador de la verdad bíblica.

Eso implica el impedir que te conformes a este mundo. Aquí "el mundo" no es la misma palabra que vimos en Primera de Juan. Aquí es literalmente "la época", el *eon*. Se refiere al espíritu de esta época. No permitas el ser presionado a pensar y a actuar de la misma forma en que lo hace la época actual. No permitas que la cultura sea quien rija tus pensamientos y tus valores. El primer siglo tenía sus formas paganas y seculares de pensar y actuar, al igual que las tiene el siglo XXI. Pablo dice que, como cristianos, no debemos dejar que nos moldeen los pensamientos y la conducta del mundo.

La clave de todo eso es presentar nuestro cuerpo a Dios; no solo el cuerpo físico, sino todo nuestro ser. Debemos ofrecernos como sacrificios vivos, rendir nuestra vida. Como hemos visto, eso es lo que Jesucristo exige cuando nos dice que nos neguemos a nosotros mismos y tomemos nuestra cruz. Morimos a fin de vivir.

Estamos acostumbrados a pensar en los sacrificios del Antiguo Testamento como algo vinculado con la muerte. Se mataban los animales antes de ser puestos sobre el altar para ser quemados. Esos sacrificios tenían que ser santos y aceptables a Dios y eran un acto de adoración. Pablo dice que debes pensar en ti mismo como ese tipo de sacrificio. Súbete al altar y ofrécete a Dios. Muchas veces se dice que el problema con los sacrificios vivos es que siguen moviéndose para salir del altar. Tienes que decidir ser un sacrificio vivo que se disponga a permanecer sobre el altar, no matándote de una vez por todas sino cada día, optando por vivir no para ti sino para Dios. Eso, dice Pablo, es: "vuestro culto racional", o más literalmente, tu adoración lógica.

¿Quieres estar en la voluntad de Dios? Permite que se transforme tu mente al ser renovada por la verdad de la Palabra de Dios. Evita el conformarte a este mundo. Súbete al altar y sacrifícate como una ofrenda a Dios. Te ruego que hagas eso. ¿Basado en qué? Basado en todas "las misericordias de Dios" que son tuyas en Cristo. Él ha sido muy bueno contigo. Es solo razonable que te ofrezcas a ti mismo en respuesta a Él.

AMARSE LOS UNOS A LOS OTROS

> Un mandamiento nuevo os doy: Que os améis unos a otros; como yo os he amado, que también os améis unos a otros. En esto conocerán todos que sois mis discípulos, si tuviereis amor los unos con los otros.
>
> —*Juan 13:34-35*

Jesús dice que la característica del verdadero cristianismo es el amor reflejado en el compañerismo de los creyentes. El mandamiento a amar no era nuevo. Jesucristo mismo señaló los dos mandamientos más grandes del Antiguo Testamento, el mandato de amar a Dios (Dt. 6:5) y el de amar al prójimo (Lv. 19:18). Pero el mandato de Jesús de amar es nuevo en dos sentidos. En primer lugar, el amor entre los discípulos es diferente del tipo de amor que mostramos al prójimo necesitado. En segundo lugar, Jesús dijo que debemos amarnos así: "como yo os he amado". Él nos está dando un nuevo modelo para esa clase de amor.

¿Cuál es el modelo? Es lo que Jesús hizo antes de dar el nuevo mandamiento. En Juan 13, los discípulos se habían reunido para la cena de la pascua en el aposento alto. Jesús sabía que más tarde aquella noche sería traicionado y arrestado pero Juan dice que: "como había amado a los suyos que estaban en el mundo, los amó hasta el fin" (Jn. 13:1). Sabiendo que este sería su último tiempo juntos antes de la cruz, Jesús les mostró cómo amarse los unos a los otros.

En el mundo antiguo, a las personas se les ensuciaban los pies porque usaban sandalias en los caminos polvorientos. Comidas formales como la pascua duraban mucho tiempo y los participantes se reclinaban en el suelo alrededor de una mesa bajita, de modo que los pies de tu vecino no estaban lejos de tu cabeza. Era una cortesía común hacer que un siervo lavara los pies de los invitados. Era un trabajo reservado para los más humildes de los siervos.

Los discípulos se habían reunido con Jesús para la cena, pero no había ninguno que lavara los pies. Habían estado discutiendo sobre cuál de ellos era el mayor, de modo que ninguno deseaba hacer nada que rebajara su condición social. Ninguno se inclinaría para lavar los pies de los demás. Pero Jesús lo hizo. Él se levantó de la mesa, se ciñó una toalla alrededor de la cintura, tomó una vasija y lavó los sucios pies de sus egoístas discípulos. Se quedaron asombrados y avergonzados. Pedro dijo: "No me lavarás los pies jamás"; pero Jesús lo hizo de todos modos. Fue una muestra de su humildad y del amor que se inclina para hacer lo que sea necesario.

Fue un gesto maravilloso, pero no se acercó a la muestra

de humildad que se ofreció cuando Aquel que era igual con Dios recorrió el camino hasta la cruz para cargar la ira de Dios por nuestros pecados. Pablo dice en Filipenses 2:6-8 que, cuando Cristo se humilló para ser como uno de nosotros, Él no recorrió parte del camino y apareció ante nosotros como un rey. Cuando Cristo bajó de la gloria del cielo, descendió hasta el final del trayecto. Él se despojó a sí mismo. Se humilló y se hizo siervo. Recorrió todo el camino hasta el punto más bajo de la experiencia humana; una vergonzosa muerte en una cruz.

Así es como Jesucristo nos amó. De modo que, cuando dijo que su nuevo mandamiento era que se amaran los unos a los otros de la manera que Él nos amó, eso es lo que quiso decir. El modelo del amor es humillarse a sí mismo para hacer la tarea más despreciable a fin de satisfacer la necesidad de otra persona. Además de eso, el modelo del amor es el sacrificio de nosotros por los demás, dando la vida los unos por los otros. Si ustedes viven así, dice Jesús, el mundo sabrá que son mis discípulos.

USAR BIEN LA PALABRA

> Procura con diligencia presentarte a Dios aprobado, como obrero que no tiene de qué avergonzarse, que usa bien la palabra de verdad.
>
> *—2 Timoteo 2:15*

¿Deseas ser "aprobado" por Dios? ¿Quieres que Dios esté contento con tu vida? Estoy seguro de que quieres agradar a

Aquel que te ama, que dio a su Hijo por ti, que te bendecirá en esta vida y algún día te recibirá en su presencia. Forma parte de ser cristiano el deseo de agradar a Dios.

Pero ¿cómo te presentas a Dios aprobado? Tienes que ser un "obrero que no tiene de qué avergonzarse". ¿Te has avergonzado alguna vez de tu trabajo? Recuerdo un proyecto en el taller de madera en la escuela secundaria. Teníamos que hacer una lámpara, pero mi lámpara salió muy mala. La madera no estaba bien cortada o bien lijada. La lámpara no funcionaba bien. Según recuerdo, el maestro vino y dijo: "John, debes sentirte avergonzado de eso. Lo puedes hacer mejor". Era un obrero que tenía de qué avergonzarse.

Sin duda has tenido momentos en los que te has sentido avergonzado de la calidad de tu trabajo. Hiciste una mala jugada y estropeaste un importante juego. No leíste cuidadosamente la receta para una comida significativa. Dejaste de estudiar para una prueba. La Biblia nos está diciendo que, si queremos ser aprobados por Dios, tenemos que ser obreros que tomamos en serio nuestro trabajo y empleamos en él nuestro mejor esfuerzo, de modo que no tengamos de qué avergonzarnos cuando estemos delante de Dios.

¿Cuál es la clave para ser un obrero de Dios que no tiene de qué avergonzarse? La clave es "[usar] bien la palabra de verdad". Si quiero que Dios apruebe mi trabajo, debo usar bien toda la Biblia. ¿Qué significa "usar bien"? Literalmente significa cortarla en línea recta como un carpintero corta la madera recta para que el mueble encaje bien, o un albañil corta la piedra recta para que las piezas de la pared encajen perfectamente. Pablo trabajaba el cuero y tenía que cortar pieles en piezas bien arregladas que pudiera coser entre sí para formar una tienda. Usar bien requería precisión y exactitud. Él le está diciendo a Timoteo que use la Palabra de Dios con precisión y exactitud, que la interprete y la aplique correctamente.

Si deseas llevar una vida que garantice la aprobación de Dios en lugar de vergüenza, entonces debes usar bien la Palabra de Dios. Interprétala a la luz del amor de Dios y la justicia revelada en la cruz. No suavices sus exigencias ni sus promesas. Permítele transformar tu corazón para que sea renovada tu mente. Entonces sabrás lo que es vivir en el centro de la voluntad de Dios.

CAPÍTULO 9

LLEVEMOS *la* LUZ *al* MUNDO

SER DISCÍPULO DE JESUCRISTO nunca puede reducirse meramente a producir un carácter cristiano en nosotros mismos o a amarse los unos a los otros, por muy importantes que sean esas cosas. Ser discípulo de Jesucristo significa hacer a otros discípulos, porque eso es lo que nuestro Señor nos ha mandado hacer. El propósito soberano de Dios en este mundo es crear un pueblo redimido que lo adore y disfrute de Él por la eternidad, pero para lograr ese propósito Él ha escogido a los seres humanos. Él nos ha hecho mayordomos del evangelio, poniendo ese valioso conocimiento en vasijas de barro, en el frágil envase de nuestra vida.

Supongo que estás leyendo este libro porque eres cristiano y comprendes que el hablar de las buenas nuevas de vida eterna mediante la fe en Cristo es la responsabilidad de todo cristiano. Tal vez ya lo sepas y aún no le hayas hablado a nadie de Jesucristo. ¿Piensas que no conoces lo suficiente para ser un evangelista? ¿Crees que necesitas más preparación? Dudo que sea ese tu problema. En el caso poco probable de que no supieras absolutamente nada acerca de la Biblia antes de comenzar a leer este libro, ya en este punto conoces lo suficiente para decirle a alguien cómo llegar a ser cristiano. Puedes tomar los versículos sobre la cruz y la salvación en los capítulos 4 y 5 y guiar a alguien a Cristo.

El problema para la mayoría de los cristianos no es el conocimiento, sino la obediencia. No es que no sepamos lo que tenemos que hacer o cómo hacerlo. Lo que nos falta es el propósito de hacerlo. No hemos decidido que los mandamientos de Jesucristo deben tener prioridad sobre las exigencias de este mundo. Cuando de manera genuina nos negamos a nosotros mismos y lo seguimos, cuando ofrendamos nuestra vida como sacrificio vivo, se transforman nuestra mente y nuestro corazón. Como discípulos de Jesucristo, nuestra prioridad será hacer a otros discípulos suyos.

POR QUÉ ESTÁ AQUÍ LA IGLESIA

> Por tanto, id, y haced discípulos a todas las naciones, bautizándolos en el nombre del Padre, y del Hijo, y del Espíritu Santo; enseñándoles que guarden todas las cosas que os he mandado; y he aquí yo estoy con vosotros todos los días, hasta el fin del mundo. Amén.
>
> —*Mateo 28:19-20*

¿Te has preguntado alguna vez cuál es nuestro verdadero propósito en el mundo? He aquí el fin de tu confusión. Nuestro propósito es hacer discípulos a todas las naciones. El

Jesucristo resucitado dio esa orden a sus apóstoles poco antes de que ascendiera al Padre pero su propósito es que fuera para todos nosotros. Por eso, estos versículos se conocen como la Gran Comisión. Establecen la misión de la iglesia.

En el original griego, aquí hay un solo verbo "haced discípulos". Ese es el imperativo. Las otras palabras que parecen órdenes son, en realidad, modificadoras del verbo principal. Lo que quiero decir es que el verbo principal en la oración es "haced discípulos", lo cual haces al oír, bautizar y enseñar.

Para hacer discípulos en otra nación, tienes que ir a donde las personas no saben de Cristo. Una vez que estés allí y que ellos vengan a la fe en Cristo, tienes que bautizarlos en el nombre del Padre, y del Hijo, y del Espíritu Santo. Es decir, tienes que llevarlos a la comprensión de Dios como Padre, Hijo y Espíritu Santo, que se muestra en el bautismo. El bautismo es importante no porque salve, sino porque es la confesión pública de salvación. Luego les enseñas a ser obedientes a su Señor, guardando todas las cosas que Jesús les ha mandado. No estás solo en esa empresa. Jesús dice: "Yo estoy con vosotros todos los días, hasta el fin del mundo". Hasta que se termine el tiempo para la evangelización, estaré con ustedes ayudándoles a hacer discípulos.

¿Cómo responderías si te preguntara la razón por la que existe la iglesia? ¿Por qué seguimos en la tierra? ¿Qué deberíamos estar haciendo?

Algunos pudieran decir que debiéramos estar viviendo una vida santa. Eso es bueno, pero no es la razón principal de que estemos aquí. Si eso es todo lo que el Señor quiere, bien pudiéramos irnos al cielo, ya que, en realidad, no podemos llevar una vida perfecta en la tierra.

Algunos pudieran decir que somos salvos para que tengamos compañerismo. Eso es bueno también y, de hecho, tenemos compañerismo con otros creyentes. Pero el compañerismo es muy imperfecto, como debes saber por experiencia. Tenemos todo tipo de problemas para llevarnos bien los unos con los otros como cristianos. En realidad, no tenemos un compañerismo perfecto en la tierra.

Algunos pudieran decir que la verdadera prioridad para nosotros es la adoración. Adoramos en la iglesia, pero tampoco acertamos siempre. A veces, nuestra mente vaga y nos cuesta mucho trabajo concentrarnos en Dios. A veces, nuestras emociones son arrastradas por la música, pero van a un lugar que tiene poco que ver con Dios. Somos criaturas volubles que nos distraemos fácilmente.

Todo eso es para decir que nuestra santidad es imperfecta, nuestro compañerismo es imperfecto y nuestra adoración es imperfecta. Si esas fueran las prioridades, entonces haríamos mejor en irnos al cielo. Cuando lleguemos al cielo, seremos plenamente santos; nuestro compañerismo y nuestra adoración serán perfectos. Eso nos deja con una sola razón para permanecer en la tierra. Solo hay una cosa que podemos hacer en la tierra que no podemos hacer en el cielo: hacer discípulos de todas las naciones. Se nos da la Gran Comisión de modo individual y de modo colectivo como iglesia.

Cerciórate de participar en el cumplimiento de esa comisión. Nadie está excluido de ese gozoso deber. Ve a las personas que no conocen a Cristo. Háblales del Padre, del Hijo y del Espíritu Santo. Exhórtales a que acepten la fe en Jesucristo y la muestren mediante el bautismo. Sigue enseñándoles a obedecer las cosas que Jesús nos mandó a hacer. Y haz todo eso sabiendo que Cristo mismo está contigo mientras cumples su propósito para tu vida. Él estará contigo hasta el fin.

ESTA PEQUEÑA LUZ

> Así alumbre vuestra luz delante de los hombres, para que vean vuestras buenas obras, y glorifiquen a vuestro Padre que está en los cielos.
>
> —*Mateo 5:16*

Este pudiera ser uno de los primeros versículos que aprendiste en la escuela dominical. Sin duda cantabas el coro: *Esta pequeña luz, la dejaré brillar.* Jesús dijo que nosotros (sus discípulos) somos la luz del mundo. No debemos esconder esa luz. Debemos dejarla brillar. ¿Cómo verán las personas esa luz? A través de nuestras buenas obras.

El filósofo ateo alemán Nietzsche dijo una vez que si viera más personas redimidas pudiera sentirse más inclinado a creer en su Redentor. Los cristianos que no tienen vidas transformadas tienen una brecha de credibilidad. Si trato de decirte cuán bueno es mi médico, pero estoy muriéndome con su tratamiento, pudieras poner en duda su pericia. Si trato de decirte cuán bueno es el mecánico de mi auto, pero mi auto está echando humo negro por el tubo de escape, es probable que estés poco dispuesto a confiarle el tuyo. ¿De qué aprovecha que les digamos a las personas cuán grande es nuestro Salvador, si no pueden ver que nosotros mismos hemos sido salvos por Él? Deja brillar tu luz.

¿Qué quiere decir Jesús con la luz? Jesús también se llama a sí mismo: "la luz del mundo". Juan lo llama: "la vida era la luz de los hombres", "La luz en las tinieblas resplandece" (Jn. 1:4-5) La luz en nosotros es su luz, la presencia interior de Cristo, el Espíritu Santo en nosotros. El apóstol Pablo habla de: "la luz del evangelio de la gloria de Cristo" (2 Co. 4:4). Tenemos esa luz que brilla a través de nuestra vida, si nuestra conducta refleja el carácter de Cristo: su amor, su compasión y su perdón. Su luz brilla a través de nuestras actitudes, nuestras palabras y nuestros hechos. Cuando las personas ven que nuestra vida ha sido transformada de modo que tenemos los valores de Jesucristo y ven el poder de Dios obrando en nosotros, estarán de acuerdo en que tenemos a un gran Salvador. Cuando ven personas redimidas, se sienten más inclinadas a creer que tenemos un Redentor. La vida cristiana es la plataforma sobre la cual el testimonio individual llega a ser convincente.

La alternativa es que el cristiano viva en las tinieblas. La Biblia enseña que: "Dios es luz, y no hay ningunas tinieblas en él. Si decimos que tenemos comunión con él, y andamos en tinieblas, mentimos, y no practicamos la verdad" (1 Jn. 1:5-6). Si no brilla ninguna luz en tu vida, no tienes relación con Cristo o no estás honrando su nombre. Es triste que alguien proclame a Jesucristo como Señor y Salvador y siga viviendo en el pecado. Eso desacredita a Cristo y el evangelio. Es una piedra de tropiezo para los incrédulos. Carece de eficacia para convencer a alguien de que Cristo tiene el poder de transformar vidas. Nuestra responsabilidad como discípulos y evangelistas es presentar vidas transformadas por la Palabra y la presencia interior de Cristo, para que todos puedan ver su luz reflejada en nuestros actos de bondad.

LA ALABANZA COMO FORMA DE EVANGELIZACIÓN

Pacientemente esperé a Jehová,
Y se inclinó a mí, y oyó mi clamor.
Y me hizo sacar del pozo de la desesperación,
del lodo cenagoso;
Puso mis pies sobre peña, y enderezó mis pasos.
Puso luego en mi boca cántico nuevo, alabanza
a nuestro Dios.
Verán esto muchos, y temerán,
Y confiarán en Jehová.

—*Salmo 40:1-3*

En la recuperación de un énfasis sobre el valor de la alabanza en los últimos años, hemos vuelto a aprender lo que ya sabía el salmista; la alabanza tiene una influencia evangelística. La adoración es, a fin de cuentas, la meta de la evangelización. Nuestra meta es ayudar a más y más personas a disfrutar de Dios y glorificarlo por siempre, participar de la obra de Dios de reunir para sí a un pueblo de cada nación, tribu y lengua, que lo adorará en el cielo. Pero la adoración también es un medio de evangelización. No creo que la persona perdida o que busca la salvación sea capaz de adorar y llegar ante la presencia de un Dios santo. Pero esa persona perdida puede vernos y escucharnos cuando alabamos a Dios y sentirse motivado a poner su fe en Él. El salmista dice que, cuando tenga un nuevo canto de alabanza en su boca, muchos verán y se atemorizarán ante nuestro gran Dios y llegarán a confiar en Él.

Un creyente lleno de alabanza hace un gran efecto en un pecador. Tenemos una nueva canción, la canción de los redimidos, y esta produce esperanza en un corazón desesperado. El salmista dice: "Yo estaba en un pozo horrible. Estaba atascado en un lodo cenagoso. Estaba sin esperanza e indefenso pero el Señor escuchó mi clamor y me levantó. Puso mis pies sobre una roca y me ofreció un lugar firme en el que estar". Ese es un cuadro de la salvación. Dios en su gracia se inclina para sacar al pecador del pozo y lo pone en una senda nueva y segura. La respuesta a ese acto de misericordia asombroso y unilateral es una nueva canción: un canto de alabanza, una canción de redención.

Cuanto más cantemos esa canción y cuanto más alto la cantemos, más personas la oirá. Quienes aun están en el pozo, atascados en el barro, verán cómo fuimos levantados por el amor de Dios y verán esperanza para ellos. Llénate de alabanza todos los días, ya que Dios no solo es digno de nuestra alabanza, sino que también puede usar tu alabanza para atraer a las personas a Cristo. Tu canción puede guiarlos a que abran el corazón al Salvador, para que puedan verlo realizar su gran rescate en la vida de ellos también.

CAPÍTULO 10

NUESTRO DESTINO ETERNO

LA META DE LA VIDA CRISTIANA no es una vida santa ni una vida útil. La meta es estar con Dios en el cielo, totalmente transformados a la semejanza de Cristo, disfrutando todo el tiempo de la presencia de Dios, donde su "amor hemos de ensalzar". Ese es nuestro destino final y la meta de nuestro peregrinar por esta vida. Pablo dice: "nuestra ciudadanía está en el cielo" (Fil. 3:20). Somos como aquellas personas de fe en Hebreos que eran "extranjeros y peregrinos sobre la tierra" que buscaban un hogar, una patria celestial (He. 11:13-16). Pedro comienza su primera epístola refiriéndose a los creyentes como a extranjeros o peregrinos. No hemos llegado todavía a nuestro verdadero hogar. Solo estamos de pasada.

Es raro hoy que los cristianos vivan teniendo en cuenta esa esperanza. Los antiguos himnos muestran que hubo un tiempo, no hace mucho, en que la muerte y el cielo eran más reales para nosotros. En las sociedades de riqueza y comodidad relativa, con el progreso de la medicina y la negación cultural de la realidad de la muerte, pensamos menos en el cielo que los creyentes de otras sociedades y de otras épocas. Tenemos que recobrar nuestro sentido del cielo como nuestro verdadero hogar. Debemos recordar, en tiempos buenos y malos, que este mundo no es todo lo que hay. Debemos recordar, como dice Pablo, que: "las cosas que se ven son temporales, pero las que no se ven son eternas" (2 Co. 4:18).

NUESTRA ESPERANZA Y NUESTRA HERENCIA

> Bendito el Dios y Padre de nuestro Señor Jesucristo, que según su grande misericordia nos hizo renacer para una esperanza viva, por la resurrección de Jesucristo de los muertos, para una herencia incorruptible, incontaminada e inmarcesible, reservada en los cielos para vosotros.
>
> *—1 Pedro 1:3-4*

Hay mucha teología encerrada en esos versículos, la cual comienza diciendo: "Bendito el Dios". ¿Cuál Dios? El único Dios verdadero, el Dios y Padre de nuestro Señor Jesucristo. Él es el mismo Dios a quien se le llama el Dios de Abraham, Isaac y Jacob en el Antiguo Testamento. Él es a quien se le llama el Todopoderoso, Jehová de los ejércitos, creador de cielo y tierra. En el Nuevo Testamento, Él es el Padre de Jesucristo. Eso quiere decir que tiene la misma vida eterna, la misma naturaleza que Cristo. No puedes reconocer al Dios verdadero a menos que reconozcas al Dios que es también el Padre de Jesucristo y que es uno con Él. El Dios revelado en el Señor Jesús encarnado "nos hizo renacer para una esperanza viva".

¿Cuál es esa esperanza? Es la esperanza de la vida eterna, que también nosotros resucitaremos de entre los muertos para estar con Cristo en el cielo. Tenemos esa esperanza porque sabemos que Dios resucitó a Jesucristo de los muertos. Jesús dijo: "porque yo vivo, vosotros también viviréis" (Jn. 14:19). También dijo: "Yo soy la resurrección y la vida; el que cree en mí, aunque esté muerto, vivirá" (Jn. 11:25). Llevamos esa vida en medio de las bendiciones de Dios aquí y ahora, pero con la esperanza constante de que un día participaremos del gozo de una vida resucitada con Él.

Nos espera un tesoro. Es nuestra herencia como hijos de Dios y coherederos con Cristo (Ro. 8:17). Es "una herencia, incorruptible", una que nunca se acabará, una que nunca se corromperá ni se contaminará. Nunca se desvanecerá como las cosas de este mundo. Está preservada para nosotros, como dijo Jesús: "donde ni la polilla ni el orín corrompen, y donde ladrones no minan ni hurtan" (Mt. 6:20). Nuestro verdadero tesoro está en el cielo, no en este mundo, que está pasando. La recompensa que nos aguarda en el cielo es vida eterna, vida sin corrupción, vida sin contaminación, una gloria que nunca se desvanecerá.

Al vivir nuestra vida cristiana, no solo disfrutamos de lo que Dios ha hecho por nosotros al darnos un nuevo nacimiento, no solo disfrutamos de las abundantes bendiciones y misericordias que Él derrama sobre nosotros, sino que también disfrutamos de la esperanza de vida eterna. Tenemos nuestra esperanza fija en el día en que recibiremos la herencia reservada para nosotros en el cielo.

SEREMOS COMO ÉL

> Amados, ahora somos hijos de Dios, y aún no se ha manifestado lo que hemos de ser; pero sabemos que cuando él se manifieste, seremos semejantes a él, porque le veremos tal como él es. Y todo aquel que tiene esta esperanza en él, se purifica a sí mismo, así como él es puro.
>
> —*1 Juan 3:2-3*

"Somos hijos de Dios". Ahora mismo, si crees en Jesucristo y has sido redimido y justificado, eres un hijo de Dios. Pero "aún no se ha manifestado lo que hemos de ser". Algún día serás transformado, y el hecho de que eres un hijo de Dios será evidente para todos, ya que serás transformado a la semejanza de Cristo. El ver a Cristo en toda su gloria tendrá el poder de transformarnos.

Pero en este mundo actual, no hemos experimentado todavía lo que Pablo llama: "la manifestación de los hijos de Dios" (Ro. 8:19). Hasta cierto punto nuestra condición como hijos de Dios sigue oculta para el mundo y para nosotros. Es cierto que las personas pueden ver la luz de Dios reflejada en nosotros hasta cierto punto por nuestras buenas obras y el carácter de Cristo debe verse en el fruto del Espíritu en nuestra vida. No obstante, con solo mirar a una persona que va caminando, no puedes saber si esa persona es o no un hijo de Dios. Algún día eso cambiará.

Cuando se revele a Cristo —en la Segunda Venida cuando se vea a Cristo no como el siervo humilde y sufriente, sino como el Señor de todos, viniendo en poder y gloria—, le veremos tal y como Él es en realidad. Hasta entonces lo vemos solo a través de un cristal opaco, o un oscuro reflejo en un espejo de mala calidad, pero entonces lo veremos cara a cara (1 Co. 13:12). El mundo entero lo verá cuando llegue poderoso y resplandeciente como lo vemos en el libro de Apocalipsis, montado en un caballo blanco.

Viene un día en que el mundo entero va a percatarse de quiénes en realidad somos. Solo entonces descubriremos quiénes somos en realidad. Tu verdadera vida, tu verdadero yo, está ahora escondido con Cristo en Dios. "Cuando Cristo, vuestra vida, se manifieste, entonces vosotros también seréis manifestados con él en gloria" (Col. 3:4). ¡Qué pensamiento! Vamos a ser como Cristo porque le veremos como Él es.

¿Qué implica que vivamos con esa esperanza? "Todo aquel que tiene esta esperanza en él, se purifica a sí mismo, así como él [Cristo] es puro". Si vives esperando la venida de Cristo, eso cambia la forma en que vives. Cuando estaba en la escuela primaria, tenía serios problemas con la disciplina. La maestra no me dejaba hacer todas las cosas que yo quería, así que cada vez que ella salía del aula, me descontrolaba. Una vez estaba saltando de pupitre en pupitre cuando escuché sus tacones ortopédicos junto a la puerta y me atrapó a mitad de vuelo. Si hubiera previsto su llegada, habría cambiado mi comportamiento.

Sabemos que Cristo pudiera venir en cualquier momento. Sabemos que Él es plenamente puro y santo. Cuando Él venga, queremos que nos encuentre llevando una vida pura. No queremos que nos sorprenda haciendo lo que nos plazca porque pensamos que nunca volverá. Jesús contó una historia acerca de unos arrendatarios que pensaron que su señor nunca regresaría. Pero nuestro Señor volverá y tendremos que dar cuenta ante Él. La buena noticia es que Cristo no solo vendrá como Juez, sino como Salvador. No solo revelará nuestra impureza, sino que en su misericordia revelará nuestro carácter eterno como hijos de Dios y nos hará puros "así como él es puro".

TRANSFORMADOS A SU IMAGEN

> Por tanto, nosotros todos, mirando a cara descubierta como en un espejo la gloria del Señor, somos transformados de gloria en gloria en la misma imagen, como por el Espíritu del Señor.
>
> *—2 Corintios 3:18*

Algún día veremos a Cristo cara a cara y seremos transformados por su gloria pero este versículo dice que incluso en esta vida somos transformados al ver su gloria. Este versículo dice que a diferencia de Moisés o de los profetas o de los santos del Antiguo Testamento, los creyentes pueden ver la gloria de Dios "a cara descubierta", con más claridad de lo que pudieron haberlo hecho las personas en el pasado.

Moisés vio la gloria de Dios, pero solo parcialmente, viendo las "espaldas" de Dios. El pueblo de Israel vio la gloria de Dios como un resplandor en la distancia. Moisés tenía que usar un velo sobre el rostro para que la gente no viera la gloria de Dios directamente y recibiera daño; y, como sugiere Pablo, para evitar que vieran que la gloria en su rostro se iba desvaneciendo. Pero ahora la gloria de Dios se ha revelado con claridad en el rostro de Jesucristo. Juan dice: "(y vimos su gloria, gloria como del unigénito del Padre), lleno de gracia y de verdad" (Jn. 1:14). Algunos versículos después, Pablo dice que nosotros tenemos "iluminación del conocimiento de la gloria de Dios en la faz de Jesucristo" (2 Co. 4:6).

Cuando digo "gloria" quiero decir todos los atributos de Dios. Se nos revelan en el Antiguo Testamento, pero se revelan con mayor claridad en la persona viva de Jesucristo. La gloria —la revelación del verdadero carácter de Dios— brilla de manera más maravillosa en Cristo que en cualquier otro lugar. Así que estamos aquí con el velo quitado, mirando directamente la gloria de Dios y todos sus atributos revelados en Cristo. Esa visión, ese conocimiento, nos está transformando a su imagen, de un nivel de gloria al próximo, mientras el Espíritu Santo obra en nuestra vida.

Este versículo no está hablándonos de una glorificación futura, sino de la santificación presente. Si contemplas la gloria de Dios revelada en el rostro de Jesucristo como se presenta en el Nuevo Testamento, esta te transformará. Es el Espíritu el que efectúa esa transformación cuando Jesucristo se convierte en nuestra visión que nos consume y somos cada vez más semejantes a Él.

UN LUGAR PREPARADO PARA NOSOTROS

> En la casa de mi Padre muchas moradas hay; si así no fuera, yo os lo hubiera dicho; voy, pues, a preparar lugar para vosotros. Y si me fuere y os preparare lugar, vendré otra vez, y os tomaré a mí mismo, para que donde yo estoy, vosotros también estéis.
>
> *—Juan 14:2-3*

La última noche de Jesús con sus discípulos antes que fuera a la cruz, Él les dio muchas promesas maravillosas. Pero ninguna fue más maravillosa que la promesa que comienza su discurso de despedida. Fue la promesa de que estaba dejándolos con el objetivo de preparar un lugar para ellos en el cielo con su Padre, y que regresaría para llevarlos allí.

Esas son palabras conocidas y consoladoras, pero la idea de una casa con muchas mansiones en su interior no tiene mucho sentido. Lo que Jesús quiso decir en el idioma original fue: "En la casa de mi Padre hay muchas habitaciones". Cuando yo era niño, pensaba en el cielo como un conjunto de mansiones. Oigo a los predicadores preguntar: "¿Cuán cercana va a estar su mansión del trono?". Hablan como si pudieras estar dentro de una distancia cercana, o quizás pudieras estar a la salida del pueblo. Un predicador hasta dijo que tu mansión estaría hecha de los materiales que enviaste hacia allá arriba; ya sea madera, heno y hojarasca, u oro, plata y piedras preciosas. (¡Esa no era la idea de Pablo en 1 Corintios 3:12!). Lamentablemente, esas figuras del cielo como un vecindario con las casas de los tres cerditos hechas con ladrillo o de paja están incrustadas en nuestra mente.

Eso no es lo que Jesús está diciendo. Solo hay una casa —la del Padre— y esta tiene muchas habitaciones. No estoy viviendo a quince cuadras de la casa de Dios o en los barrios bajos lejos de su casa; estoy viviendo en ella y tú también. Estaremos juntos con el Señor y viviremos por siempre con su pueblo como una familia en una sola casa.

¿Qué está haciendo el Señor Jesucristo en este momento? Él está en el cielo, preparándose para recibir a sus hermanos y hermanas, sus coherederos adoptivos. Está esperando por el día en que vendrá para llevarnos a casa para estar con Él. Ese es el acontecimiento que llamamos el arrebatamiento, cuando Jesucristo venga y arranque a su pueblo redimido de este mundo malvado. Él llevará a la iglesia, a todos los creyentes verdaderos, al cielo, donde tendremos una gran celebración que el libro de Apocalipsis llama la cena de las bodas del Cordero. Moraremos en la casa del Señor por siempre, disfrutando de la casa del Padre por toda la eternidad, disfrutando de todas las cosas que Dios ha preparado para quienes lo aman.

TU TRABAJO NO ES EN VANO

> Así que, hermanos míos amados, estad firmes y constantes, creciendo en la obra del Señor siempre, sabiendo que vuestro trabajo en el Señor no es en vano.
>
> —*1 Corintios 15:58*

En este país, trabajamos por recompensas. No hay nada indebido en trabajar por pago y la Biblia no señala como algo malo las recompensas prometidas para quienes confían en Dios y viven para Él. Muy pocas personas quieren trabajar sin ser remuneradas. Por eso, la economía comunista finalmente quebró. Estuve en un hospital en Kiev, Ucrania, poco antes de que se desplomara la Unión Soviética. Conocí a un cirujano cardiólogo y fui al tristemente inapropiado salón de operaciones. Le pregunté como era ser cirujano bajo el comunismo. Me respondió: "No tenemos equipo alguno y no se nos paga mucho". Le pregunté cuánto: "Quince dólares al mes". Eso era difícil de creer. Cuando salía del hospital, vi a una mujer barriendo las escaleras con una escoba que ella había hecho con pequeñas ramas. Le pregunté a alguien cuánto ganaba ella. La respuesta: "Quince dólares al mes".

Todo el mundo recibe la misma recompensa. Ese era el concepto de justicia de los comunistas. No había mucha motivación para llegar a ser cirujano.

El Señor promete que nuestro trabajo por Él no será en vano ni quedará sin recompensa. Hay recompensas de las que todos los creyentes participarán. Este versículo está al final de un análisis de la resurrección que compartiremos con Cristo, cuando a todos se nos den cuerpos espirituales y la muerte sea derrotada para siempre. Sabemos que todos disfrutaremos de la recompensa de estar en la casa de nuestro Padre en el cielo y todos nos reuniremos alrededor de su trono en alabanza. Pero todos tendremos que dar cuenta de nuestro trabajo. Tendremos que preguntarnos si la esperanza de salvación nos hizo satisfechos de nosotros mismos o si nos hizo "firmes y constantes, creciendo en la obra del Señor siempre". Jesús nos dice que: "tu Padre que ve en lo secreto te recompensará en público" (Mt. 6:4). Él prometió: "el Hijo del Hombre vendrá en la gloria de su Padre con sus ángeles, y entonces pagará a cada uno conforme a sus obras". (Mt. 16:27). Pablo escribió que: "cada uno recibirá su recompensa conforme a su labor" (1 Co. 3:8). En el último capítulo de la Biblia, Cristo dice: "He aquí yo vengo pronto, y mi galardón conmigo, para recompensar a cada uno según sea su obra" (Ap. 22:12). El galardón pudiera no ser prosperidad en esta vida ni reconocimiento público en este mundo, pero cuando estemos delante de Cristo, todo lo que hicimos por Él tendrá importancia. Cada acto de misericordia, cada sacrificio, cada testimonio por Él se tendrá en cuenta. Nada de eso será en vano. Él lleva un registro de tu fidelidad, y en su gracia Él te recompensará aquel día en que lo veas cara a cara.

NOTAS

NOTAS

TEOLOGÍA SISTEMÁTICA

U N E S T U D I O P R O F U N D O
D E L A D O C T R I N A B Í B L I C A

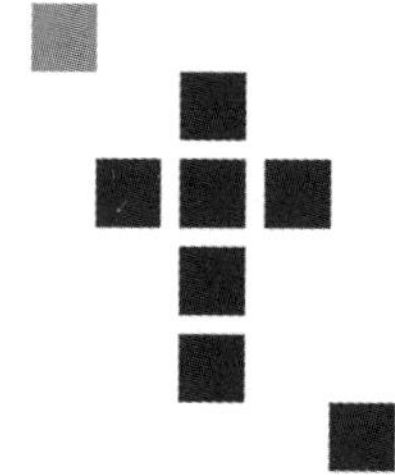

J O H N M A C A R T H U R
R I C H A R D M A Y H U E

Aclamado como uno de los expositores más talentosos de hoy, MacArthur presenta una visión sistemática de las principales creencias cristianas. Profundiza tu comprensión de las doctrinas relacionadas con la Palabra de Dios, cada persona de la Trinidad, la humanidad y el pecado, la salvación, los ángeles, la iglesia y el futuro del mundo.

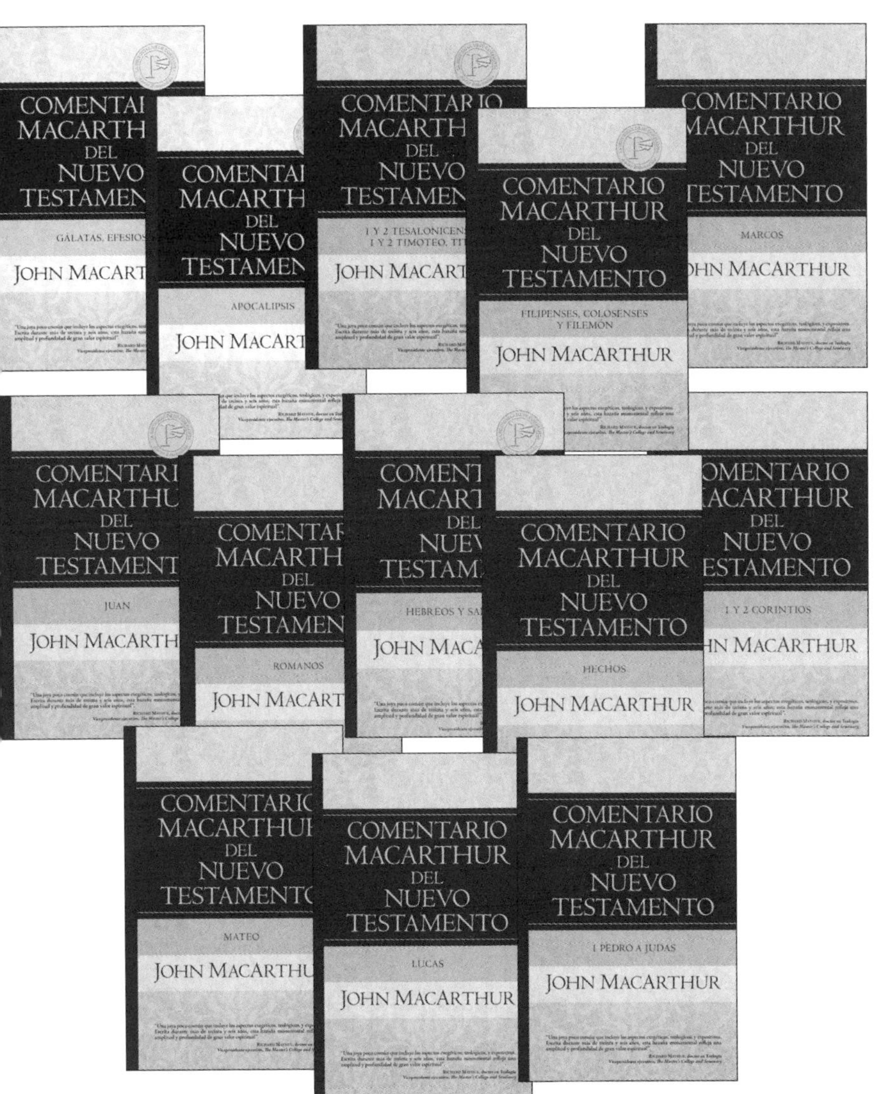

"El *Comentario MacArthur del Nuevo Testamento* es la culminación de los comentarios bíblicos, así de sencillo. No se había visto desde los tiempos de Juan Calvino en Ginebra que un pastor permaneciera en el púlpito y produjera un conjunto teológico semejante a este. Hay aquí exégesis, exposición, doctrina, homilética, hermenéutica, revelación, pastoral y práctica; todo en esta serie. Si me encerrara en una habitación para preparar un sermón y solo tuviera una Biblia y una herramienta de referencia, esta sería la herramienta: el *Comentario MacArthur del Nuevo Testamento*, un tesoro expositivo sin par. No volveremos a ver en esta generación una obra de esta magnitud producida por un solo hombre".

—Dr. Steven J. Lawson,
Pastor principal, Christ Fellowship Baptist Church, Mobile, AL (USA)

NUESTRA VISIÓN

Maximizar el efecto de recursos cristianos de calidad que transforman vidas.

NUESTRA MISIÓN

Desarrollar y distribuir productos de calidad —con integridad y excelencia—, desde una perspectiva bíblica y confiable, que animen a las personas a conocer y servir a Jesucristo.

NUESTROS VALORES

Nuestros valores se encuentran fundamentados en la Biblia, fuente de toda verdad para hoy y para siempre. Nosotros ponemos en práctica estas verdades bíblicas como fundamento para las decisiones, normas y productos de nuestra compañía.

Valoramos la excelencia y la calidad
Valoramos la integridad y la confianza
Valoramos el mérito y la dignidad de los individuos y las relaciones
Valoramos el servicio
Valoramos la administración de los recursos

Para más información acerca de nuestra editorial y los productos que publicamos visite nuestra página en la red: www.portavoz.com